Conversas de interior

Editora Appris Ltda.
1.ª Edição - Copyright© 2024 do autor
Direitos de Edição Reservados à Editora Appris Ltda.

Nenhuma parte desta obra poderá ser utilizada indevidamente, sem estar de acordo com a Lei nº 9.610/98. Se incorreções forem encontradas, serão de exclusiva responsabilidade de seus organizadores. Foi realizado o Depósito Legal na Fundação Biblioteca Nacional, de acordo com as Leis nos 10.994, de 14/12/2004, e 12.192, de 14/01/2010.

Catalogação na Fonte
Elaborado por: Dayanne Leal Souza
Bibliotecária CRB 9/2162

A662c
2024
	Arantes, Rafael de Oliveira
	    Conversas de interior / Rafael de Oliveira Arantes. – 1. ed. – Curitiba: Appris, 2024.
	    163 p. : il. ; 21 cm.
	
	    ISBN 978-65-250-7226-5
	
	    1. Diálogo. 2. Tempo. 3. Passado. I. Arantes, Rafael de Oliveira. II. Título.
	
	                                                                    CDD – 800

Editora e Livraria Appris Ltda.
Av. Manoel Ribas, 2265 – Mercês
Curitiba/PR – CEP: 80810-002
Tel. (41) 3156 - 4731
www.editoraappris.com.br

Printed in Brazil
Impresso no Brasil

Rafael de Oliveira Arantes

Conversas de interior

Curitiba, PR
2024

FICHA TÉCNICA

EDITORIAL	Augusto V. de A. Coelho
	Sara C. de Andrade Coelho
COMITÊ EDITORIAL	Marli Caetano
	Andréa Barbosa Gouveia (UFPR)
	Edmeire C. Pereira (UFPR)
	Iraneide da Silva (UFC)
	Jacques de Lima Ferreira (UP)
SUPERVISORA EDITORIAL	Renata C. Lopes
PRODUÇÃO EDITORIAL	Adrielli de Almeida
REVISÃO	Manuella Marquetti
DIAGRAMAÇÃO	Amélia Lopes
CAPA	Kananda Ferreira
REVISÃO DE PROVA	Bianca Pechiski

PREFÁCIO

Conversas de interior é um livro paradoxalmente geográfico, pois nos fixa em um lugar do interior, nos apresentando um modo de vida especial, e ao mesmo tempo nos transporta para sensações provocadas pela vida longe dali. É um livro essencialmente de amor por um lugar, por pessoas, por um jeito de ser, de falar, de viver e de ver a vida.

Os diálogos tecem a trama de diferentes histórias, compostas por personagens fiéis ao sentir e que ajudam a compor cenários musicalizados pela boa prosa, típica do interior. Assim, a palavra está em destaque, pois ajuda a desenhar os sentimentos ainda sem contornos e ajuda a descrever formas de se estar no mundo.

Prepare-se para o encontro com a complexidade das chegadas, das partidas e das permanências. As histórias traduzem, em alguma medida, o sentimento de quem vai e de quem fica, de quem vai e volta, de quem está quase chegando ou quase partindo. A expectativa, a saudade, a decepção, a esperança e tantos outros sentimentos emergem de diálogos profundos que simulam superficialidade, mas que estão nas entranhas de um povo especialmente sensível para a vida e para as experiências derivadas do viver.

Esteja você no interior, ou na capital, certamente haverá identificação com esses sentimentos e o reconhecimento de alguma das histórias, tão regionais, mas também tão universais. Preparem-se, pois os espaços carregam memória, despertam memória, acordam a saudade e convidam a curiosidade.

Ao se deliciar com a leitura do livro, meu conselho é: tenha um marcador em mãos ou um papel próximo para anotar as frases, os trechos e os diálogos que certamente vão te tocar! As palavras vão trasbordar da vã tentativa de memorizar tudo.

Aproveite!

Taísa Robuste

Mestre em Linguística e Língua Portuguesa
e Doutora em Estudos Linguísticos

SUMÁRIO

INTRODUÇÃO 13

CONVERSA UM
DO QUE MAIS GOSTA AQUI? 15

CONVERSA DOIS
ETIMOLOGIA 17

CONVERSA TRÊS
ACTA DIURNA 20

CONVERSA QUATRO
CAFÉ DA MANHÃ 24

CONVERSA CINCO
APOSTA ÚNICA 27

CONVERSA SEIS
TIEDEMANN 30

CONVERSA SETE
CALENDÁRIO 33

CONVERSA OITO
CALAMIDADE PÚBLICA 36

CONVERSA NOVE
PREFERÊNCIAS DO CONSUMIDOR 38

CONVERSA DEZ
DECEM 40

CONVERSA ONZE
SÉCULO XVII 43

CONVERSA DOZE
LAR 45

CONVERSA TREZE
METEOROLOGIA 48

CONVERSA QUATORZE
PROCRASTINAÇÃO 50

CONVERSA QUINZE
BOATOS HISTÓRICOS 53

CONVERSA DEZESSEIS
MERCADO DE TRABALHO 56

CONVERSA DEZESSETE
ESCOLHAS 59

CONVERSA DEZOITO
SADE 61

CONVERSA DEZENOVE
É O FIM 64

CONVERSA VINTE
EGOÍSTAS 67

CONVERSA VINTE E UM
REDAÇÃO 69

CONVERSA VINTE E DOIS
COM C 72

CONVERSA VINTE E TRÊS
ITINERÁRIO..75

CONVERSA VINTE E QUATRO
SOMBRA E LUZ..78

CONVERSA VINTE E CINCO
PASSAR ADIANTE...81

CONVERSA VINTE E SEIS
POENTE...84

CONVERSA VINTE E SETE
MINHA ESCRITA..87

CONVERSA VINTE E OITO
STANISLAVSKI...90

CONVERSA VINTE E NOVE
CENSO DEMOGRÁFICO..94

CONVERSA TRINTA
INVEJA...96

CONVERSA TRINTA E UM
ADORNOS..99

CONVERSA TRINTA E DOIS
REIFICAÇÃO..101

CONVERSA TRINTA E TRÊS
VIDA APÓS A MORTE..104

CONVERSA TRINTA E QUATRO
FALÊNCIA..106

CONVERSA TRINTA E CINCO
PREVIDÊNCIA SOCIAL 109

CONVERSA TRINTA E SEIS
PRESSÁGIO 111

CONVERSA TRINTA E SETE
COMPENSAÇÃO 113

CONVERSA TRINTA E OITO
HOROLOGIA 116

CONVERSA TRINTA E NOVE
UM GAROTO DE FUTURO 118

CONVERSA QUARENTA
DESCONHECIDOS 124

CONVERSA QUARENTA E UM
PESSIMISMO 127

CONVERSA QUARENTA E DOIS
PARA PERCEBER DEPOIS 130

CONVERSA QUARENTA E TRÊS
TRIVIAL 133

CONVERSA QUARENTA E QUATRO
1948 137

CONVERSA QUARENTA E CINCO
EXCURSÃO 139

CONVERSA QUARENTA E SEIS
LITTERIS 142

CONVERSA QUARENTA E SETE
MAGO DO MERCADO 145

CONVERSA QUARENTA E OITO
NOSTALGIA 148

CONVERSA QUARENTA E NOVE
ANTES QUE SEJA TARDE 151

CONVERSA CINQUENTA
ESMOLAS 155

CONVERSA CINQUENTA DE UM
ZENO 159

INTRODUÇÃO

Sempre ouvi que, para ser memorável, um livro depende de um personagem principal cativante, com personalidade marcante, que se faça vivo na mente e no cotidiano daquele que lê e interpreta sua história, a ponto de compartilhar as emoções e não querer abandoná-lo.

Neste caso, sinto informar, o personagem principal não é alguém, mas algum lugar.

Desde minhas primeiras lembranças, fui aconselhado a prestar atenção nas conversas dos outros. Não no sentido de bisbilhotar a vida alheia, mas simplesmente para dar importância às pessoas. Afinal, quem fala quer receber atenção. Quem dialoga tem algo para contar. E assim o fiz. E tive sorte. Afinal, por muito tempo vivi em lugares onde todos se conheciam e, por isso, conversavam uns com os outros. Lugares em que havia pouco barulho externo. Poucos carros, poucas construções, poucas distrações que desviassem meus ouvidos.

As histórias a seguir são conversas. Essas conversas não são minhas. Nunca as tive com ninguém. São emprestadas de falas que escutei, ou mesmo que imaginei ter escutado. Não há personagens definidos. Se for conveniente a quem lê, as mesmas pessoas podem aparecer em mais de um conto. Ou podem ser sempre entre pessoas diferentes.

Conflitos geracionais, que opõem quem deseja o progresso e quem idolatra o passado. São inspiradas nas pessoas, nas cidades em que morei. Mais precisamente, nas lembranças de alguém conversando em uma praça pequena, pacata, sem muita expressão, cena que, para muitos, passa despercebida, mas que, para mim, sempre se destacou, justamente por esse caráter simples, extremamente comum. É local propício para deixar para depois aquilo que nos veda e mirar no que realmente existe no nosso pensamento. De pessoas que se cruzam e que, quase que por uma obrigação, precisam encontrar um assunto. Pessoas que se conhecem, menos por afinidade e mais por uma proximidade, no sentido geográfico da palavra. Como colisas e coridoras em um aquário pequeno, que se cruzam pelo único fato de que não estão em outro lugar. Os diálogos, às vezes interrompidos pela buzina de um carro que passa e vibra em saudação, ou pelos acenos e sorrisos de rostos familiares.

No interior há mais espaço para a contemplação. É onde melhor se observa o insistente e esquizofrênico conflito entre viver no melhor lugar do planeta versus o receio de uma insignificância por se estar em um espaço pouquíssimo notado pela maioria.

Essas conversas não são minhas. São conversas sobre o que se passa onde ninguém observa. São conversas de interior.

Conversa um

DO QUE MAIS GOSTA AQUI?

— Com frequência me perguntam. E na maioria das vezes respondo que são das pessoas. A não ser quando estou cansado das pessoas e das preocupações com a vida alheia.

— Gosto das conversas ao ar livre. E meus anos na cidade grande me mostram que, sob o céu, as pessoas na metrópole estão sempre apressadas demais para conversarem umas com as outras. Buscam assuntos em táxis, escritórios e shoppings, onde respiram um ar artificial, com luzes artificiais e interesses artificiais.

— Prefiro a nossa culinária. É uma forma de a gente demonstrar, de uma só vez, hospitalidade e superioridade.

— Gosto de falar sobre o tempo. E o interior tem a habilidade de, por muitas vezes, impedir sua passagem, ou permitir que passe, mas não na velocidade que o próprio tempo gostaria.

— Pois eu gostava mais de um tempo em que esta cidade assistia aos grandes e marcantes acontecimentos apenas de longe. Quando o que acontecia a quatrocentos ou oitocentos quilômetros só chegava depois de muita demora, um pouco diferente de como realmente foi, e se espalhava através das conversas. Das conversas de interior.

— Acho o melhor lugar para se viver. Apesar de me sentir diminuído sempre que alguém decide se mudar porque se acha grande demais para permanecer aqui.

— Prefiro olhar para as famílias cheias de planos que chegam com a intenção de nunca mais irem embora. Porque se deram conta de que a felicidade está em ruas tranquilas e construções simples.

Conversa dois

ETIMOLOGIA

— É difícil se tornar alguém melhor em um lugar onde todos já me conhecem. E infelizmente as opiniões são formadas quando somos ainda muito imaturos. Quando o que fazemos obedece a um imprevisto e revela fraquezas. Somos julgados e rotulados, e jamais nos livramos dessa primeira impressão, a ponto de ser inútil qualquer esforço para uma evolução. Eu, por exemplo, tenho uma dificuldade enorme em me descrever. Enquanto isso, parece que todo mundo consegue me detalhar. O problema é que estão errados. Pegam um retrato, um momento, e transformam em reputação. E isso me faz sentir de um jeito que eu não sei explicar também.

— Entre tantas palavras que usam, nem sempre existe uma palavra certa para nomear uma característica ou mesmo um sentimento. Na maioria das vezes nos apegamos a um termo que se aproxima, por falta de algum outro que seja mais preciso. Por isso eu acho importante olhar nos olhos, tocar e estar próximo. Porque conversar, ouvir falar, nunca é algo o suficiente. É preciso estar, entender e é preciso viver o que alguém quer dizer, porque muitas vezes o que precisamos perceber não é algo que vamos ouvir.

— Deveriam aumentar o dicionário. Estabelecer uma palavra para cada sensação. Assim seria mais fácil.

— Mas algumas sensações são só suas. Algumas são só minhas. Talvez ninguém mais tenha experimentado. Talvez o que se passe com você não tenha nunca se passado com outra pessoa. Somos todos diferentes e cada um vive sua impressão, a depender do caminho, a depender do destino. A palavra "solidão" passa despercebida por quem vive rodeado de amigos. Deve ter sido criada por alguém que precisava estar tanto com alguém que julgou que algo como "isolamento" não bastava mais. Da mesma forma, a palavra "feliz" pode ter sido criada por essa mesma pessoa, quando finalmente se encontrou com quem queria.

— Alguma vez, mesmo sabendo como se sentia, não conseguiu explicar como era?

— Quando sua avó e eu começamos a namorar, vivíamos em cidades diferentes, pois eu tinha ido estudar fora daqui. Quando eu e ela estávamos próximos, eu sentia uma alegria imensa, um enorme bem-estar. Porém, a distância me fazia sentir tristeza e saudade. Até aí, são sentimentos bastante comuns, que encontramos facilmente o significado. Mas então, horas antes de encontrá-la, eu sentia algo bom por me aventurar um pouco no futuro. Mas a verdade é que eu ainda estava só, ainda estava distante. Então eu achava algo de positivo mesmo sozinho. E horas antes de nos despedirmos, eu mergulhava em um enorme vazio, mesmo que ainda estivéssemos juntos. Esse sentimento, que me fazia bem mesmo na ausência da pessoa que eu mais queria por perto, era exatamente o oposto do outro sentimento, que me arruinava na mesma presença. Algo bom na solidão de quem não quer estar só. Algo ruim na companhia de alguém especial. Qual é o nome que damos à felicidade pela companhia de alguém quando ainda se está sozinho e qual é o nome de quando ficamos tristes pela ausência mesmo ainda na presença? Jamais consegui resumir em uma única palavra. Nem em uma frase inteira. Era algo que talvez só eu conseguisse sentir. E mesmo tendo se passado tantos anos, ainda me lembro, apenas não explico. E mesmo já tendo revirado o dicionário, jamais encontrei uma definição.

Conversa três

ACTA DIURNA

— No final, fiquei em dúvida entre psicologia e jornalismo, e acabei optando por me tornar jornalista um dia. Tem quem critique e diga que para isso eu não precisaria de diploma. Mas olhando as matérias, foi com o que eu mais me identifiquei.

— Tenho trauma de jornalistas. Namorei com uma por quase dois anos e me preocupo que apareça em você alguns traços que ela tinha.

— Agora é tarde para me assustar. Minha matrícula está feita e eu começarei em duas semanas. Dá para notar o seu abalo contra essa profissão. Quero saber de onde surgiu.

— Começou há doze anos, e terminou há dez anos. Como a maioria dos relacionamentos, partes boas, ruins e a decadência das expectativas. Ela tinha feito um enorme sucesso com uma coluna no jornal local sobre a violência e a morte de alguns policiais vítimas do tráfico. Naqueles dias a nossa cidade era um ponto importante para o comércio de cocaína. Alguns traficantes chegaram a morar em mansões nos nossos melhores bairros. Lembro que pelo menos dois deles ganharam honrarias na nossa Câmara de Vereadores. O sucesso do que ela escrevia a fez escalar até para participações na televisão. Ela se transformou em uma figura bastante conhecida, uma celebridade. Então quiseram que ela passasse a escrever todos os dias, mas com um ar mais sensacionalista, para que pudesse abordar desde o sofrimento dos familiares que perdiam seus entes próximos para o crime até a quantidade de dinheiro que o tráfico gerava para a cidade. Foi um sucesso absoluto. Quando a notícia do funeral não diz respeito a alguém que a gente gosta, isso gera muita repercussão e interesse, por duas razões: porque há em cada um de nós um interesse natural pela tragédia, pela catástrofe, e porque aquele tipo de notícia nos trazia a sensação de que éramos uma cidade maior, já que enfrentávamos questões que não eram de um lugar pequeno.

— Não seguirei esse estilo sensacionalista. Então não devo gerar trauma em ninguém.

— O sensacionalismo era o menor dos problemas dela. Vim a descobrir depois que ela era extremamente vingativa. Perceba. Após um ano de um sucesso magnífico cobrindo as desgraças causadas pelo mercado da cocaína, o prefeito da época decidiu agir e, para dar uma resposta aos ataques que ele sofria pelo jornal, que acabavam por contaminar a opinião pública e a taxa de rejeição, ele criou um programa que, por falta de um nome melhor, chamou de "operação contra as drogas". Nomeou um novo Secretário de Segurança Pública, fez convênios com empresas, articulou com deputados estaduais e federais. Conseguiu apoio da Polícia Federal e, com tudo isso, expulsou os traficantes daqui. O nome do prefeito ficou tão conhecido que vários partidos passaram a querê-lo como candidato à Câmara e ao Senado. Ninguém mais morria de forma violenta, ninguém mais ficava rico com o tráfico por aqui. Em paralelo, o espaço que a minha então namorada tinha no jornal passou a não chamar mais a atenção. Não tinha mais assunto nem mesmo que justificasse aquela pequena coluna que ela escrevia no começo. Convites para a televisão nunca mais apareceram, e o jornal a transferiu para a sessão de cobertura de eventos sociais. Para ela isso foi uma coisa terrível, que a fez se sentir uma fracassada. Passou a ter um ódio descomunal do prefeito e do secretário de segurança. Culpava os dois pelo fim do seu sucesso, mas não podia explicitar isso. Afinal, os dois haviam trazido excelentes resultados para a cidade. Então, na sua última matéria, ela criou uma história totalmente falsa, que dizia que o prefeito tinha um caso amoroso com um dos maiores traficantes do nosso estado e que, por isso, havia conseguido cessar o tráfico de drogas. Ela sabia que, para os moradores daqui, pior que um traficante era um pai de família tendo um caso com outro homem. Por mais que a história tenha sido desmentida depois, tudo se disseminou a ponto de o prefeito renunciar. Ele precisou até se mudar com a família. Ninguém nunca soube para onde.

— Isso não tem a ver com a profissão, mas sim com o caráter. E veja, graças a uma cobertura jornalística, uma cidade inteira se beneficiou do resultado.

— Isso é verdade. Se não fosse por ela, o poder público não teria se movimentado.

— Foi aí que terminaram?

— Na verdade, não. Acontece que ela conseguia tirar de mim muitas informações. Algumas que eu queria guardar em segredo. Era como se necessariamente eu tivesse que responder a todas as perguntas. Tal qual um policial tem autoridade para prender, e um juiz para julgar, jornalistas sentem que lhes é de direito que as pessoas contem tudo. Minha intimidade e minhas introspeções acabaram pouco a pouco. Justo para ela, que sempre dizia que tinha se atraído pelo meu ar misterioso. É impressionante como alguns parceiros querem nos fazer diferentes das pessoas pelas quais se apaixonaram, a ponto de nos transformarem em alguém por quem não teriam o menor interesse. Cheguei ao limite quando ela passou a me perguntar no que eu estava pensando. Essa pergunta geralmente vinha cinco segundos depois de um silêncio entre nós. Eu nunca tinha uma resposta boa. Nem sabia direito no que precisamente eu estava pensando. Queria comigo a minha liberdade de ter meus pensamentos só para mim. Eu sempre prezei pelo fato de que eu posso pensar no que quiser, e mesmo que o meu rosto esteja encostado no rosto de alguém, nenhuma informação ultrapassa meus limites. E isso era tirado de mim sempre que ela me convencia a dizer o que se passava na minha cabeça quando eu estava calado. Eu pude suportar o fato de ela ter difamado e acabado com a vida de um homem bom. Mas querer ultrapassar meu último refúgio de liberdade, aí foi demais.

Conversa quatro

CAFÉ DA MANHÃ

— Caso não queira ficar sozinho, pode se sentar aqui com a gente.

— Vou aceitar, sim. Estava ouvindo vocês conversarem e fiquei mesmo com vontade de falar sobre futebol.

— Sua fisionomia é familiar, mas não me lembro de conhecê-lo.

— Morei aqui até os dezessete e depois fui embora para estudar. Deve achar que sou familiar porque provavelmente conhece meu pai. Somos parecidos. Ele ainda mora aqui com a minha mãe e o meu irmão mais novo.

— A maioria que sai nunca mais volta.

— Sei o que devem estar pensando. Talvez eu tenha perdido meu emprego, ou que algum assaltante entrou na minha casa e isso me deixou traumatizado. Não foi nada disso. Voltei por opção. Estou aqui por escolha.

— E o que leva alguém a escolher viver em um lugar onde nada acontece? Nós nunca somos notícia. Tenho a impressão de que até nas estatísticas nós somos a margem de erro.

— Chega a ser estranho, porque meu grande sonho de infância e adolescência era cruzar aquela parte da estrada que diz "volte logo" de uma maneira definitiva. Sem deixar nada para trás. Ainda me lembro dos meus primeiros dias na cidade grande. Não era tão grande como eu imaginava antes de conhecer. Estranhei as pessoas andando todas apressadas, com olhares vagos e passos velozes, como se aquela pressa fosse algo obrigatório para não parecer estranho onde todos eram estranhos uns aos outros. Uma pressa para se chegar aonde não se queria estar. Estranhei, mas logo me adaptei. Logo mesmo, após algumas horas. Eu me lembro da minha primeira noite, porque não conseguia dormir, apenas para contemplar aquela cidade viva, quando deveria parecer morta. O que mais me chamava a atenção eram as luzes que brigavam contra a escuridão. Também me lembro bem do caminho que eu fazia, entre minha casa e a faculdade. O asfalto era de péssima qualidade, com remendos malfeitos, de cores diferentes que se sobrepunham numa correção disforme. Olhar para aquele chão irregular e tosco me lembrava dos vestidos da minha avó, que assim como aquela rua, eram emendados com tecidos de cores diferentes, de tamanhos diferentes. E isso me era nostálgico e me fazia sentir culpa. Culpa porque eu sentia vergonha, apesar de amá-la muito. Mas eu não conseguia admirar aquele jeito simples. Aquela postura que evidenciava alguém analfabeta. Pelo contrário, quando estávamos em público, eu fazia questão de andar mais rápido, na frente, para que não pensassem que estávamos juntos. Eu não fazia ideia, naquela época, da importância de se estar entre pessoas que me amavam, que se importavam comigo. Troquei vários dias de cafés como este por uma agenda cheia de compromissos que eu detestava, com pessoas com quem eu não queria falar.

— Então foi arrependimento o que lhe trouxe de volta?

— Posso dizer que sim. Há cerca de dois meses meu telefone tocou e era a gerente do meu banco. Ela queria me vender um plano de aposentadoria. Eu já ia declinar. Não penso em parar de trabalhar. Foi quando ela me perguntou como eu queria viver quando não precisasse mais me preocupar com dinheiro. E acreditem, o que me veio à mente foi que eu gostaria de estar em um lugar como este, com pessoas como vocês. Hoje mesmo, não depois, não amanhã.

Conversa cinco

APOSTA ÚNICA

— Desde então eu só jogo na mesma lotérica. Mas até hoje só consegui acertar duas dezenas.

— O que eu acho mais interessante foi toda a atenção dada a esse caso e, mesmo assim, nunca descobriram quem ganhou.

— Foram quarenta milhões.

— Sessenta milhões.

— Quarenta. Tenho certeza.

— Você deve ajustar pela inflação. Já seriam uns cinquenta ou sessenta.

— Quem se deu bem mesmo foi o dono da casa lotérica. Vem gente das cidades vizinhas apostar lá.

— É impossível que ninguém saiba. Com aquele dinheiro seria possível comprar umas quarenta mansões ou trezentos carros importados.

— Eu teria feito o mesmo. Quero dizer, não teria revelado minha identidade. Ou então me mudaria para bem longe. Imagine quantas pessoas viriam pedir dinheiro emprestado ou se aproximar por interesse. Então, eu entendo a pessoa ter se mantido discreta.

— Minha suspeita é que tenha sido o dono da padaria da praça. Acho impossível alguém que só faça pães viajar tanto ao exterior. Além disso, ele troca de carro todo ano e conseguiu pagar pelos estudos de dois filhos em faculdades caras.

— Não acho que seja ele. É muito trabalhador e já me disseram que tem dívidas no banco. Além disso, que milionário acordaria todos os dias às quatro da manhã, inclusive nos dias gelados de julho, só para manter um segredo?

— É mais provável que tenha sido a filha do segurança do banco. Ela agora tem uma vida impressionante na capital. Sei disso porque ela divulga tudo o que faz. O pai dela jamais poderia proporcionar aquele estilo. Ela não se casou e nem estudou. Já ouvi dizer que é garota de programa, mas duvido. Além de ter boa família, não tem beleza para ganhar dinheiro com o corpo.

— Pode ser o dono do minimercado da rua do cemitério. Desde que o prêmio saiu, a casa dele é a mais enfeitada no Natal. É bem possível que ele tenha se segurando para não ostentar comprando coisas que chamam a atenção. Mas a gente sabe que existe aqui essa competição velada de quem tem mais condições de investir mais em luzes e adereços no final do ano.

— Eu sou da hipótese de que tenha sido um viajante, ou um trabalhador que estava aqui por pouco tempo. Na época, estavam terminando o asfalto até o trevo, com muitos operários de outras cidades. Um deles pode ter sido o ganhador. Veio para nossa cidade para ganhar dinheiro e conseguiu muito mais do que imaginava.

— Tudo o que sei é que na minha vida nada muda. São poucos os que podem depender da sorte. A maioria só imagina como deve ser dormir pobre e acordar rico simplesmente porque os números que você pensou coincidiram com um sorteio.

— Concordo. Mas o que seria de nós sem tirar parte do dia para esquecer das nossas vidas falidas falando sobre a vida dos outros? É como se eu precisássemos disso para estar em paz.

Conversa seis

TIEDEMANN

— Acordei na certeza de que era domingo e que já passava das dez da manhã. Só depois de algumas horas me dei conta que ainda são três da tarde de sábado. É uma ótima sensação.

— Essa é uma grande vantagem da nossa vida aqui. Como nada quase nunca acontece, temos mais controle sobre o nosso tempo e sobre a nossa vida. No meu caso, eu gosto muito de pensar sobre as perguntas que não têm resposta. Quando se está em uma cidade grande, e o tempo é consumido por importâncias artificiais, poucos percebem, mas há um grande grau de conformidade e alienação. Pensam que nós, interioranos, é que somos acomodados e alienados, mas estão enganados. Aos das grandes metrópoles, não lhes sobra quase nada para as contemplações sem sentido, que dão um significado necessário para a existência. São pragmáticos demais para isso. Querem a todo custo respostas e resultados. Houve inclusive um homem que morou aqui, mas quis retornar para onde tinha nascido justamente porque não queria que lhe restasse tempo para se dar conta de que era irrelevante.

— O tempo que gastaria trancado em um carro financiado, com barulhos de buzinas ao redor, eu gosto de utilizar para o que não consigo encontrar explicação. Quando era jovem, ficava chateado em nunca conseguir uma conclusão, mas isso passou. Hoje gosto de entrar em conversas infinitas, em que as certezas não têm lugar. Meu questionamento preferido é sobre o sentido da vida. Não tem um único dia que eu não me pego pensando a respeito.

— Ter uma vida inteira e não aprender a viver. Deve ser esse todo o sentido. Então, sou obrigado a acreditar que devem ter outras vidas me esperando, em algum outro lugar, onde já nascerei com os aprendizados da vida anterior. Do contrário, do que adianta aprender a viver quando não se tem mais forças para viver? Seria o mesmo que aprender a ler apenas depois de queimarem todos os livros. Ou escrever uma carta de amor a alguém que já perdeu a visão.

— Se tiver alguma coisa depois, a gente não pode saber nada com relação a isso. Muito do que fazemos aqui vem da nossa crença de que só existe essa chance. Se a gente tivesse certeza de que a morte não é o fim, desistíramos facilmente de viver, ao menor problema que aparecesse. A gente procrastinaria ainda mais. Deixaríamos tudo para a vida que vem, com a mesma simplicidade de quando deixamos alguma obrigação para a semana que vem. Então, é também a dúvida um sentido e parte importante do aprendizado. Tentamos adivinhar o que vem. Apostamos dinheiro, fazemos cálculos. Pagam muito bem quem consegue fazer alguma previsão de algo posterior. Aparecem na TV as pessoas que adivinham o tempo e o preço do dólar. E mesmo assim, muitas vezes elas erram. Nossas dúvidas são necessárias e regulam nossa modéstia. Somos muito insuportáveis quando temos todas as certezas.

Conversa sete

CALENDÁRIO

— Definitivamente aconteceu algo que fez o tempo passar diferente a partir de algum momento dos anos 2000. Deve ser algo com relação à rotação da Terra, ou à velocidade que estamos orbitando ao redor do Sol. Já tentaram, mas ninguém me fez desistir da ideia de que o tempo foi muito mais longo entre 1987 e 2007 do que entre 2002 e 2022. Daqui a algumas décadas, tenho certeza, algum cientista ganhará o Prêmio Nobel por comprovar que os anos passaram muito mais depressa desde que 1999 terminou. Imagine como ficarão as pessoas que se vangloriam de, aos quarenta, aparentarem vinte e cinco quando entenderem que isso não aconteceu graças aos cuidados que tomaram, aos cremes faciais que compraram, mas porque, meramente, foi o tempo que resolveu passar diferente.

— No meu caso, jamais alguém vai me convencer de que é justa a forma como calculamos a nossa idade. Eu acredito mesmo que em alguns anos irão adaptar essa avaliação, da mesma forma que os economistas fazem com o valor do dinheiro, através da definição da inflação. Os dias passarão a ser contados em sensações, em vez de horas. Cada nova amizade acrescentará três dias à sua vida. Um beijo de olhos fechados contará como um dia e meio a mais. Se for na chuva, então, serão dois. Não prestar atenção no desabafo de alguém que resolveu lhe procurar porque está olhando para a tela do celular excluiria dois dias de sensações, e faltar ao encontro dos seus amigos porque está cansado demais eliminaria mais três dias. Uma desilusão amorosa vai te dar mais cinco ou seis dias, e um "eu te amo", falado com a verdade do coração, outros cinco. Dessa forma, não será bem-sucedido aquele que conseguir juntar um milhão de reais antes dos trinta anos. Mas aquele que já terá vivido mais de oitenta anos e que acabou de comparar seu primeiro carro, antes de vir a primeira ruga de expressão. E em vez de perguntarmos "quantos anos você tem?", passaremos a perguntar "quanto você já viveu?".

— Mas tem um grande problema. A maioria morreria muito jovem.

Conversa oito

CALAMIDADE PÚBLICA

Conversas de interior

— Sinto incomodá-lo, prefeito. Tentamos contornar a situação. Mas está insustentável. Vossa Excelência precisa saber que todos os carteiros do município estão em greve desde a última terça-feira. E pedem que interceda junto ao Governo Federal.

— Impossível. Tiveram aumento salarial recentemente. Lutaram contra a privatização e tudo continua público, exatamente como queriam. Precisam retomar as atividades.

— A reivindicação em nada tem a ver com dinheiro e nem com o controle acionário. Querem a atenção e o apreço das pessoas de volta. Antigamente entregavam cartas de amor e saudade. Traziam palavras que percorriam grandes distâncias e ajudavam a conter a falta dos filhos e pais que moravam longe. Eram aguardados com ansiedade pelos moradores, que vinham correndo com um sorriso para abrir as correspondências. De acordo com o líder da manifestação, eles passaram de mensageiros de sentimentos nobres para entregadores de contas a pagar. Então, nossos moradores, que antes ficavam impacientes pela chegada dos mensageiros, agora se escondem ou não fazem mais questão.

— Mas o que posso fazer para solucionar essa insatisfação?

— A exigência é de que haja uma cota de entrega para cartas escritas à mão, de pelo menos vinte porcento. Querem também uma nova lei, que limite o número de mensagens que podem ser trocadas via celular. Querem voltar a transferir sentimentos de uma casa para a outra, em vez de serem intermediários de boletos.

Conversa nove

PREFERÊNCIAS DO CONSUMIDOR

— Eu não me preocupo de forma desnecessária. Afinal, morando aqui, você nem precisa ler sobre o cenário econômico global ou sobre a crise dos países emergentes. Enquanto o mundo beber café, nossa cidade irá bem. Se uma guerra começar do outro lado do mundo e os soldados precisarem de mais e mais cafeína, isso fará daqui uma grande potência econômica. Mas, se alguma universidade famosa publicar um estudo dizendo que café causa uma nova doença, aí sim deveremos entrar em pânico. Será a nossa falência. Ou então se for comprovado que o calor em excesso prejudicará nossas lavouras. Essa é minha única questão com relação ao aquecimento global. Estamos a seiscentos quilômetros da praia mais próxima e a novecentos metros de altitude. Esse lugar nunca vai afundar.

— Ainda assim, estou bastante preocupado com as minhas vendas.

— Surpreendente. Quer uma consultoria? Talvez ir para as mídias sociais.

— Na verdade, não. É que ultimamente as pessoas têm comprado mais cadeiras do que camas. Em uma proporção que eu jamais vi acontecer.

— Ainda não compreendo sua preocupação.

— É que isso significa que irão passar mais tempo esperando do que sonhando.

Conversa dez

DECEM

— Eu me lembro da maioria das minhas primeiras vezes. É a marca que inaugura algo que a gente vem a fazer de novo, mas nunca mais com a mesma sensação de novidade. Curioso é que somos profundamente impactados pela primeira vez que algo nos acontece ou nos é contado, mas, pelo menos eu, não consigo me lembrar quando descobri que um dia eu iria morrer. Deve ser a pior sensação conhecida: tomar consciência de que teremos um fim. Ou será que é uma coisa tão traumática que nossa mente impede que isso se transforme em uma memória? É muito claro quando andamos de bicicleta pela primeira vez, a primeira professora, a primeira paixão. Mas, incrivelmente, ninguém consegue se recordar do momento exato em que soube que a vida tem um fim.

— Até certo ponto da vida isso não nos afeta. A gente até sabe sobre a morte, mas não levamos tão a sério. São pensamentos que só se manifestam na vida adulta, quando nos bate a impressão de uma contagem regressiva. É só a partir daí.

— Tornar-se um adulto também é uma questão de percepção. Sei que existe o marco dos dezoito anos. Mas muitos se transformam antes; e muitos, depois. Alguns, nunca. Chegam aos quarenta sem entender que maturidade é perceber que a vida já distorceu todas aquelas certezas que se tinha aos vinte anos. Para mim, foi quando comecei perder a sensação de imortalidade. Ao ver um filme de vinte anos atrás, ou assistir a vídeos das Olimpíadas de 1992, fica nítido que o tempo rumina qualquer beleza e qualquer vitalidade. E ao contrário de uma cobra faminta que devora sua presa com rapidez, o tempo nos dizima sem pressa. Pessoas que eram admiradas pelo vigor e energia estão agora em estado decadente. Em vez de nos assustarmos, nos habituamos e suportamos a ideia de que somos presas e colocamos o nosso predador na parede, colocamos em nosso pulso. Estamos cercados por ele, como um cervo rodeado de leões.

— Para mim é uma percepção típica de dezembro. Quando o ano está para acabar e a gente passa a organizar as ideias de que algumas ilusões passaram. No meu caso, teve bastante relação com o Natal. Desde que me contaram que Papai Noel não existia e foi o fim da infância. Depois, passei a gostar de ganhar roupas de presente. Era o início da adolescência. Então, pararam de me dar presentes, inclusive roupas. Era o fim da adolescência. Daí dezembro passou a representar o início de dois meses de férias, e aquilo era minha fase universitária. Desde então, dezembro é um mês como qualquer outro. É a vida adulta.

— Para mim foi quando comecei a gastar a maior parte do tempo com assuntos e pessoas que não eram do meu interesse. Quando me deixei seduzir pela falsa independência que mora no futuro e passei a desejar com toda a intensidade uma chance de reviver o que já não era possível. É o momento em que, abarrotado de informação e consciência, eu queria de novo mergulhar num período de inocência, justamente para aprender algo legal pela primeira vez.

— Às vezes a felicidade é a simplicidade que a gente abandona pelo caminho, enquanto persegue algo maior. Muita culpa dessa nossa cultura adulta. Esse nosso péssimo costume de deixar o viver para depois.

Conversa onze

SÉCULO XVII

— São cinco meses que só saio de casa para ir ao trabalho. Minha vontade era ir definitivamente para outro lugar, onde não soubessem meu nome.

— Aproveite então para juntar dinheiro que seja suficiente para recomeçar. Enquanto isso, tente fingir que não se importa.

— É bem difícil quando se é tratada como se tivesse uma doença contagiosa. Ser alvo de conversas entre pessoas que sequer me conhecem é algo desesperador.

— Em algum momento irão se esquecer disso.

— Posso te dizer que são capazes de esquecer algum escândalo político. Esquecem do assassino que matou o inocente, mas jamais irão deixar de condenar uma mulher por adultério. Apesar de não estar previsto em lei, esse é um crime de indecência e indignidade. Mesmo que aqueles que me condenam tenham pecados ainda piores, essa marca não vai sair de mim. Não enquanto eu estiver aqui.

— Antigamente crucificavam pessoas em praças públicas, especialmente mulheres, por comportamentos que todos tinham, mas nem todos assumiam ter. Hoje em dia falamos mal das pessoas em praça pública, especialmente mulheres, por comportamentos que muitos têm, mas nem todos assumem ter.

— Há vários parecidos comigo e talvez seja por isso que gostam de me criticar. Eu também sinto algo de confortador por repreender alguém que comete uma falha que eu mesma não consigo superar. Os tempos são outros, a multidão é outra. Mas é assim que fomos e somos. Como no passado, nos faz bem arruinar alguém pelos mesmos pecados que cometemos. Ainda nos queimam e enforcam. Mas em vez de fogo e cordas, utilizam palavras.

Conversa doze

LAR

— Minha vinda foi em vão. Tentei comprar de volta a casa que era da minha família, mas não entramos em acordo.

— Vai retornar?

— Não pretendo.

— Soube que você tinha vendido a um preço muito bom na época.

— Foi uma venda e tanto. Meus pais não me deixaram herança quando morreram, mas o valor que consegui vendendo a casa deles me proporcionou um dinheiro que eu não esperava ganhar. E dificilmente eu conseguiria novamente o mesmo valor pelo qual eu vendi. De todo modo, a atual família que mora lá não tem intenção de aceitar minha proposta e nem proposta nenhuma de ninguém. Estão felizes lá. E na verdade, para mim, a casa perdeu o valor. Foi reformada, muito alterada. Diferente do lugar onde cresci. Um lugar que alternei entre alegria e ódio.

— Eu me lembro que você não gostava de morar lá. Esse é outro ponto que me deixou curioso sobre querer de volta essa casa.

— Existiam histórias sobre aquela casa. E eu era infantil demais para deixar para lá. Não sei se você se recorda, mas antes de nos mudarmos, houve um assassinato no quarto principal. O marido matou a esposa com mais de vinte facadas. Ele suspeitava de traição. Meus pais tinham um sonho de ter a casa deles e não pagar aluguel, mas não tinham dinheiro suficiente para isso. O fato de ter acontecido essa tragédia reduziu o valor da casa para menos da metade, e então eles puderam comprar. Não demorou muito para que pessoas da cidade inteira passassem a dizer que estava assombrada, que viam o espírito da mulher rondando o quintal da frente. No meu aniversário de nove anos, apesar de eu ter convidado toda a minha sala, só apareceram duas crianças. Sobrou quase todo o bolo e o refrigerante. O que era para ser um dia feliz se tornou um dos que me lembro com mais tristeza. A partir de então, nunca mais comemorei nenhum aniversário. Ninguém queria frequentar uma casa que era sinônimo de medo. Apesar das histórias, eu nunca presenciei nada. Era tudo tranquilo. Tanto que esse boato foi se apagando com o passar do tempo. Um supermercado abriu bem próximo e depois uma academia de ginástica. De uma hora para outra, o imóvel estava supervalorizado.

— Talvez, se os atuais moradores souberem dessa história do assassinato, irão concordar em vender para você. E por um preço baixo. Basta alguém trazer esse boato de volta e, antes que perceba, a notícia se espalha.

— Até concordaria, mas de alguma forma eu já consegui o que queria vindo para cá. Talvez eu não quisesse de volta a casa, mas as minhas lembranças. Recentemente me dei conta de que joguei fora ou perdi todas as fotografias que eu tinha com meus pais. Acho que foi na mudança. Não me atentei. Deixei para lá. Eu fui feliz, hoje eu percebo. E não é que não soubesse. Eu sabia, sim, apesar das mentiras e dos comentários. Mas meus pais... morreram pensando que eu odiava aquele lugar. Eu nunca consegui demonstrar o quanto foi importante o que tivemos ali. Eles se foram com a sensação de que deveriam ter se sacrificado mais por mim. Então, quando vendi a coisa mais valiosa que eles puderam me oferecer, senti que toda minha conexão com aquele passado foi embora. Troquei minhas lembranças por um cheque, mas a história não tem preço.

— Sinto muito que tenha vindo por nada.

— Só confirmei o que já sabia. Quando vendi a casa, vendi junto meus vínculos e minhas memórias. E por mais caro que a tenha vendido, saí perdendo.

Conversa treze

METEOROLOGIA

— Nunca te vi tão quieto. Apático, desanimado. O que tem te deixado tão triste?

— Só sei falar sobre o clima. Sempre começo a conversar com alguém contando sobre a chuva que caiu, sobre o calor que vai fazer. E há seis dias não chove, não venta e não faz frio. Faz seis dias que o termômetro só marca vinte e oito graus e não só se vê as mesmas nuvens no céu.

Conversa quatorze

PROCRASTINAÇÃO

Conversas de interior

— No meu estoque das melhores lembranças, nenhum daqueles momentos eu imaginava que se transformariam em uma nostalgia.

— É quando folheamos as páginas com as nossas memórias que nos damos conta que de fato aquilo que fica não foi planejado.

— Gosto de relembrar os dias com meu pai quando era ainda vivo.

— Com meu pai não gosto de lembrar nada. Se pudesse, apagaria. Mas o que é ruim também fica e nos invade. Era uma relação ruim desde que eu tinha uns cinco e passei a ter alguma autonomia. Ele ainda está vivo, mas não para mim.

— Meu pai se foi quando eu tinha dezessete. Era imaturo demais para perceber que cada instante importa. Todos os dias, no início da noite, ele ficava sentado na sala, olhando pela janela. Eu podia ler nos olhos dele o quanto queria minha companhia. Mas eu sempre tinha algo que julgava mais interessante para fazer. Então simplesmente saía. Eu já tinha alguma consciência dessa minha falta, e principalmente da falta de uma eternidade que me permitiria corrigir isso depois. Então, quando eu voltava para casa e ele já tinha ido dormir, eu implorava a Deus para que não levasse logo meu pai. Para que a gente ainda pudesse ter as conversas que ele tanto queria, mas que eu deixava para o dia seguinte.

— Até não ter dia seguinte?

— Sim. A partir disso foi um sentimento de vazio e remorso. O remorso é a madrugada que passamos acordados. A gente não ama quando pode amar, não dorme quando pode dormir. Então bate aquele arrependimento quando o sol mostra que o passado se tornou algo inalcançável. Seguimos, sem ânimo.

— Nosso erro é pensar que tudo vai estar no mesmo lugar, esperando o que gente tem para fazer ou dizer. Mas não. As pessoas mudam de telefone, mudam por dentro, ou morrem. Simplesmente se vão. Sem saber muito o que foi pensado a seu respeito, sem o abraço que esperavam em silêncio.

Conversa quinze

BOATOS HISTÓRICOS

— Vô, já preciso ir. Amanhã recomeçam as aulas e vou viajar bem cedo. Vem aqui, me dá um abraço.

— Por falar em abraço, você sabia que abraçar alguém teve origem em uma guerra?

— É a primeira vez que ouço falar disso.

— Durante a Guerra dos Cem Anos, quando duas pessoas iam negociar, não existia confiança entre elas. Por isso precisavam revistar seus corpos ao mesmo tempo. Então o abraço começou como uma verificação de que nenhum dos dois estava armado, e isso acontecia logo que se encontravam. Ao final, para terem certeza de que nada havia sido roubado, eles se verificavam novamente, antes que cada um seguisse seu rumo. Hoje isso simboliza nossos encontros e nossas despedidas.

— Essa parte da história é nova para mim.

— Talvez porque nem seja verdadeira. Já faz muito tempo e não tem nada documentado a respeito. Não estou certo se ouvi ou inventei.

— Agora vou mesmo. Obrigado mais uma vez. Sentirei saudade.

— Já que mencionou "saudade", nunca se questionou o motivo de ela só existir no idioma português?

— Tem a ver com alguma guerra de que Portugal participou?

— Dessa vez não é relativo à guerra. É que foram os portugueses que começaram a navegar. Para bem longe, sem saber se regressariam quando se aventuravam no mar. Então, em uma dessas partidas, uma jovem foi até a praia dar um último aceno para o até então único amor de sua vida, que partia no Atlântico. Ao ver o navio ser engolido entre o céu e o mar, sentiu em sua boca o gosto do sal, trazido pelos ventos do oeste que empurravam as ondas. O sal que vinha do mar, o sal da despedida. E todas as vezes que se lembrava de seu amado, seu paladar sentia novamente aquele gosto do sal. E quando lhe perguntavam como ela estava se sentindo, dizia que era algo maior que a falta. Dizia que sentia o sal da despedida todas as vezes que se recordava dele. E, falando de forma mais apressada, encurtando as palavras, começaram a dizer "sal da des", que depois virou saudade, simplesmente. É quando a dor da ausência ataca tanto que parece que quem a gente ama foi embora no além-mar, deixando para trás somente o sabor do sal da despedida.

— Jamais imaginaria que era essa a origem da palavra.

— Confesso que não é. Inventei essa história. Não tem qualquer fundamento além da minha imaginação.

— O senhor contou com tanta convicção que eu estava acreditando.

— Eu preciso disso às vezes. Já tenho oitenta e quatro anos. Se não tivesse boas histórias, você teria ido embora alguns minutos atrás. Para mim é um tempo precioso. Na minha idade, criar e contar histórias, ou estar terminantemente doente, são as únicas formas de se manter quem a gente ama por perto.

Conversa dezesseis

MERCADO DE TRABALHO

— Hoje nossa atividade será escrever no que irão querer trabalhar quando forem adultos.

— Isso demora. Estamos com quatorze e devemos começar algo de verdade a partir de uns vinte ou vinte e dois. São quase dez anos. Até lá já nem sei mais se o que eu quero ainda vai existir.

— Não me sinto muito atraído pelos empregos mais comuns. Eu nunca quis ser médico, advogado, engenheiro ou empresário.

— Acho que vou trabalhar com alguma coisa que não existe hoje, mas que será muito necessário no futuro.

— Muita gente que hoje costura roupas de frio não terá tanto trabalho daqui um tempo, já que faz cada vez mais calor. Então o ideal seria que essas pessoas passassem a fabricar ou instalar ar-condicionado, porque esse tipo de demanda vai aumentar muito. O problema é que quem trabalhou por muito tempo fazendo blusas não deve conseguir mudar de profissão tão rapidamente.

— Vou querer trabalhar com manutenção de equipamentos de simulação de realidade, que serão bastante comuns, principalmente em asilos e casas de repouso. Em vez de as pessoas deixarem os pais e avós nesses lugares, passarão a colocá-los em residências altamente tecnológicas, em que passarão a viver dormindo, com algum tipo de dispositivo instalado em suas cabeças. Bastará fechar os olhos e serão transportados, com uma sensação bastante real, para a vida que quiserem. Poderão reviver dias inteiros com pessoas que já se foram, ter novamente vinte anos ou tomar decisões diferentes daquelas que lhes trouxeram arrependimentos. Com esse meu trabalho, será possível que escolham o que vai acontecer, a forma como irão viver. Uma idosa que não consegue mais andar poderá ser campeã olímpica de salto em distância. Poderão ser artistas, herdeiros, ditadores, comer nos melhores restaurantes, praticar esportes radicais, namorar atrizes e vocalistas de bandas de rock. Poderão mergulhar no infinito sem medo da morte. E conseguirão viver o dia da própria morte, só para ver quem vai ao enterro e quem de fato vai sentir sua falta. Então, vou trabalhar também na regulação de tudo isso. Afinal, não haverá sentido em ficar acordado se você pode escolher uma realidade melhor enquanto dorme. Ninguém mais vai dizer que você precisa viver o que sonha, porque isso se tornará perigoso. Deverá haver um limite mínimo de idade, tipo uns setenta anos. Ou então, alguém que foi desacreditado pelos médicos. Terá uma demanda enorme de gente querendo viver dessa forma, e haverá um risco de pouquíssimas pessoas quererem estar na realidade. No fim das contas, se podemos fabricar uma situação melhor do que a vida que a gente leva, qual a razão para querer acordar?

— Eu vou querer ser um conhecedor de pessoas. Acho que isso também não existe hoje. Não é como ser um psicólogo, porque a psicologia requer que o paciente mesmo encontre as respostas. Nesse caso, esse profissional será o encarregado disso. A gente vai se cansar de gastar tanto tempo admirando as banalidades, idolatrando idiotas e fazendo famosas as pessoas que nada nos acrescentam, e passaremos a querer olhar de verdade e que nos olhem com mais profundidade. A gente vai querer saber o que nos deixa realmente feliz ou triste. Vamos querer uma fórmula de parar de sermos escravos das possibilidades de cancelamentos, das opiniões automáticas. Vamos querer falar aquilo que realmente pensamos, em vez de replicar opiniões que parecem ser as mais aceitas. Em algum momento, a gente vai querer passar a se conhecer mais intimamente, em vez de querer saber muito sobre personagens, sobre celebridades. Não está longe o dia em que pagaremos para que alguém passe uma semana, um mês, talvez até mais, ao nosso lado. Para nos observar e nos contar, finalmente, quem de fato somos. Irão nos observar e fazer um relatório. Essa profissão se chamará "contador de mim".

Conversa dezessete

ESCOLHAS

— Serão agora quatrocentos quilômetros de distância. E a cada metro, surge uma nova dificuldade. Terminar talvez seria a melhor escolha. Mas quero acreditar que vai dar certo. Prefiro um amor inteiro longe do que alguém pela metade por perto. Já cheguei a pensar que preferia não sentir nada nesse momento, porque tenho medo de que a angústia me tire alguns anos de vida. Mas no fundo eu sei que ninguém está tão vivo quanto quem morre de amor. Tem momentos que eu penso que poderia ser qualquer outra pessoa. Mas no fundo eu sei que apreciar a vida é parar de achar que é coincidência o que na verdade foi destino. Mais do que acreditar que vai dar certo, eu quero no mínimo acreditar.

— Não sou a melhor pessoa para falar sobre isso. Não consigo ficar com ninguém por muito tempo. Provavelmente não é o amor da sua vida. Somente alguém que se transformará em algo útil ao seu amadurecimento. Se há dúvida, não é amor. O que parecia eterno se torna enjoativo. Considero que são como livros em uma estante imensa. Alguns irão te impressionar pela capa, pelo prefácio. Tenho vontade de ler muitos, mas a maioria se torna monótona na metade. São poucos os livros, e são poucas as pessoas, que te prenderão até o final, fazendo com que se sinta parte da história. Minha vida é uma coleção de livros interrompidos nos primeiros capítulos. De muitos que não se permitiram ler e por isso ficaram esquecidos na prateleira do tempo.

Conversa dezoito

SADE

— Já faz bastante tempo que estou desempregado. Desisti de esperar que alguém me contrate e decidi que vou empreender. Algo próspero e rentável.

— Se estivéssemos nos anos 1990, eu provavelmente recomendaria que abrisse uma mercearia, dessas que vendem doces, salgadinhos e refrigerantes. Eu tive uma entre 1978 e 1992. Era interessante ver as crianças felizes, contando suas moedas, torcendo para que fossem suficientes. Eu também vendia chinelos, que eram usados como luvas ou traves em algum campeonato de futebol no meio da rua. Mas aí os carros começaram a passar em maior número e não tinha espaço para todo mundo. Os jogos eram obrigados a parar muitas vezes seguidas. Então cada um ia para casa e não tinha mais futebol. E também vieram os primeiros estudos que provavam que doces, salgadinhos e refrigerantes faziam muito mal às crianças. Em nome da saúde, seus pais pararam de lhes dar moedas com essa finalidade. Então, fui obrigado a fechar minha mercearia. E ficou nítido o quanto as crianças ficaram mais tristes. Sem doces, sem futebol.

— Eu não gostaria de tocar um comércio que vendesse algo que eu não pudesse dar aos meus filhos.

— Já houve também um tempo em que seria uma boa investir seu dinheiro em fliperamas. Sabe, aqueles espaços com vários jogos eletrônicos? Chegamos a ter três aqui na cidade. O sucesso era tanto que precisavam ficar abertos até nove da noite, enquanto todo o resto fechava às cinco da tarde. Mas aí vieram os computadores e os videogames. Ninguém mais ia aos fliperamas. Todos eles se fecharam. Hoje existem algumas máquinas em locais que querem trazer de volta um ambiente saudosista. Mas são enfeites, não mais diversão.

— Vai me dar alguma ideia de algo que possa ser bem-sucedido? Ou só vai falar do que já foi lucrativo no passado?

— Se quer algo que provavelmente vai lhe dar algum dinheiro, sugiro abrir uma farmácia. Farmácias são rentáveis. Abrem novas farmácias todos os meses, e nunca vi nenhuma fechar. Aliás, no lugar da minha antiga mercearia, hoje funciona uma farmácia. Você não vai sofrer por falta de clientes. E não se preocupe em fazer aqueles estudos de viabilidade. Naquela esquina, por exemplo, uma farmácia na frente da outra, e as duas vendem muito bem. Na farmácia da esquerda, antigamente era uma livraria, e na da direita, uma loja de brinquedos. É mais fácil ganhar dinheiro curando alguma doença do que tentando trazer felicidade. Nas farmácias, ao contrário dos lugares financeiramente falidos, parece que ninguém está feliz, a não ser os atendentes. Nunca vi alguém fazendo amizade dentro de uma. Talvez as pessoas estejam ali, justamente, porque lhes restou curar dores de um mundo que não tem mais lugares onde buscar por uma alegria simples.

Conversa dezenove

É O FIM

— Eu já imaginava. Pensei primeiro em me lamentar. Já que a gente não conseguiu fazer sobreviver uma história que já foi tão bonita, capaz de completar, fazer feliz e mudar duas vidas. Porém, o mais correto talvez seja pensar que essa dor e esse vazio irão embora em algum momento, e eu devo mesmo agradecer por ter vivido algo assim.

— A gente já não era um para o outro tudo aquilo que nos fez perdidamente apaixonados em algum tempo lá atrás. Um tempo, mesmo que limitado, em que nosso companheirismo, nosso senso de humor e nosso senso de amor não nos deixavam com dúvidas. Mas é história, e é memória. Até fiquei triste porque por vezes eu prometi que era para sempre. Mas não menti. Quando eu dizia, tinha uma intenção verdadeira de que fosse durar eternamente, mesmo sabendo que cada promessa é um novo nó que devemos desatar quando tudo termina.

— Eu sei que "para sempre" são meros instantes. E naquele instante fazia sentido. Um pouco depois já não fazia mais. Sei que não era um juramento de eternidade. Era como se aquelas situações exigissem de nós dois algumas falas emocionais e olhares carinhosos para que ficassem completas.

— Incrível, mas antes mesmo de vir aqui eu estava com saudades. De todas essas coisas que me fizeram te amar tanto e sempre, mas não para sempre. E esquecer vai demorar. Os finais são traiçoeiros. Trazem as sensações que nos convidam a ficar, e deixam para lá os motivos que nos levaram a decidir pela partida. É por isso que sofremos tanto ao dizer adeus, mesmo quando, há muito tempo, já tinha certeza de que não queria mais nada.

— Sobre os planos e promessas, saiba que eu prezo todos. Mesmo aqueles que fizemos quando não entendíamos quase nada da vida. Os que realizamos e os que não conseguimos, ou porque eram impossíveis, ou porque deixamos para fazer "um dia", sem compreender que "um dia" é aquela data imaginária na agenda da vida, onde a gente estoca os sonhos e os planos que jamais irão acontecer.

— Entre o que prometi, jurei a você que conheceríamos o mundo. Mas jamais pude te levar para fora dos limites desta cidade. Essa era a promessa que eu mais queria ter cumprido.

— E é claro que cumpriu. No fim das contas, você conheceu o meu mundo. E eu conheci o seu.

Conversa vinte

EGOÍSTAS

— Nunca tivemos um jogador de futebol ou um artista conhecido que tivesse nascido aqui. Nenhum político importante. Nada.

— Mas é daqui aquele poeta famoso, autor do livro *Sofrimentos da Vida*.

— É um dos meus livros preferidos. Eu achei que ele fosse natural da capital. Pelo menos foi onde ele foi sepultado.

— Sim. Já morava lá há muitos anos. Gostava muito da nossa cidade, mas viveu tragédias por aqui. E pode-se dizer que morreu em ofício, já que foi levado pela depressão, pelo sofrimento, pela angústia e pelo pesar, exatamente como nas páginas daquele livro. Era comerciante e foi depois de dois desastres, um seguido do outro, ao perder a esposa e a filha em menos de três meses, que começou a escrever. Os versos que encantam uma população inteira são resultados de dor.

— Sinto muito que tenha sido assim.

— É o que dizem todos. Que sentem muito. Mas a verdade é que, se a vida dele tivesse sido feliz, não existiriam as escritas que a gente gosta e com as quais a gente se emociona. E sendo bastante realista, se pudesse aliviá-lo de toda a dor pela qual passou a não ter seus poemas, eu preferiria que tivesse agonizado ainda um pouco mais em vida, só para termos mais coisas dele para ler.

Conversa vinte e um

REDAÇÃO

— Até gosto de escrever, mas com temas livres. Quando, do nada, reflito sobre algo interessante e vou lá e escrevo. Mas produzir algo a partir de uma orientação, de uma ordem do meu professor, traz uma ideia de alguém que observa os vários caminhos que uma estrada pode levar, mas precisa, necessariamente, optar pelo único que não se queria seguir.

— Posso tentar te ajudar de alguma forma. Apesar de eu andar pouquíssimo inspirada.

— É a respeito da minha ideia de "Paraíso", no sentido desse local para onde a gente vai caso se comporte bem aqui na Terra. Esse lugar que nos premia por uma vida de boas condutas.

— Um Paraíso é relativo. Para mim seria um lugar com pouquíssimas pessoas por perto. Isso porque me agrada estar sozinha, mesmo que eu sempre esteja rodeada de pessoas. Tenho esperança de que eu seja agraciada com tudo o que gosto, mas não consegui apreciar em vida. Para quem é triste e solitário, o Paraíso seria um local repleto de pessoas de quem se gosta, para conversar indefinidamente.

— Acho difícil escrever sobre algo que não acredito. Além do que, nossa escola é um tanto incoerente. Na aula de ciências aprendi que somos restos de matéria do Universo, que é uma teoria com a qual passei a concordar. Aí na aula de redação querem que a gente escreva sobre um céu que ninguém consegue provar. Estamos vivos por acaso, dotados de uma falsa sensação de consciência, que nos faz mergulhar em vão em uma reflexão assim, que não levará a lugar nenhum. Uma perda de tempo.

— Então escreva que Paraíso é tudo o que está fora do nosso entendimento. Sendo assim, quem faz uma viagem espacial já está no Paraíso. Aquele cuja alma consegue flutuar ao se desprender de seu corpo, viajar pelo espaço e ser capaz de apreciar as estrelas e os planetas. Parece monótono agora, mas eu passaria a eternidade observando o infinito.

— Essa sua versão me atrai mais. Seria essa a razão para que o Universo tenha tamanho indeterminado. Desde o surgimento da raça humana, mais de 110 bilhões de pessoas nasceram e morreram. É preciso que o Paraíso seja grande o suficiente para acomodar todas elas, de forma que não fiquem sobrepostas e que não atrapalhem a visão umas das outras, pois isso seria um inferno. Então elas podem apreciar as estrelas cadentes, os buracos negros e o surgimento de novas galáxias. Um enorme cinema para almas despreocupadas. É essa a minha versão de Paraíso.

Conversa vinte e dois

COM C

— Uma alegria que a velhice traz é poder dar conselhos com autoridade. Mesmo que sejam conselhos que não servem para nada ou que não funcionem de verdade.

— Gosto de ouvir. Mesmo que eu não siga muitos deles.

— Conselhos são apenas sugestões de quem já errou para que quem ouça possa fazer escolhas diferentes e ter uma vida menos medíocre. Mas não significa que seja o melhor caminho. Uma única vida não é o suficiente para que se saiba o que é inquestionavelmente bom ou ruim, feliz ou triste, mesmo que fosse possível viver por várias centenas de anos.

— E do que se arrepende? De não ter tido filhos? De nunca ter trabalhado fora de casa? Acho que nunca lhe perguntei.

— Na verdade ninguém pergunta. Ninguém se importa. Falo muito e tenho a consciência de que quem mais gosta de dizer como se deve viver são as pessoas com as realidades mais desprezíveis. E comigo é exatamente assim. É como se eu tivesse despencado de um penhasco e agora tento gritar, dessa queda, para que não façam o mesmo que eu.

— E o que você me recomenda? Para que eu não caia também.

— Aprenda a cozinhar. Não para impressionar algum homem, nem para poder se casar. A cozinha é um local estranho para mim. Não sei segurar facas e nem temperar alimentos. Não sei definir o que quero comer e isso me torna dependente. E o que é pior, obriga-me a sair de casa para almoçar e para jantar. A me sentar solitária em uma mesa de restaurante, aos domingos, rodeada de famílias que me olham com piedade e especulam sobre a razão da minha tristeza. Não que seja sempre triste toda a solidão. Como não gosto da situação, como e bebo tudo bem rápido, sem sentir direito o gosto, só para escapar desses julgamentos velados. Geralmente eu vou às onze da manhã ou às três da tarde, quando há menos pessoas para comentar sobre mim ou vir me cumprimentar, por obrigação, e perguntar se estou bem, sem que estejam interessados na minha resposta. Não saber cozinhar me obriga a interagir. Gosto de estar sozinha. Mas a solidão é bem melhor quando não observada.

Conversa vinte e três

ITINERÁRIO

— Em menos de dois meses já farei vinte e sete. Comecei a me preocupar. Eu sempre repeti que queria estar milionário até os trinta, mas não tenho nenhuma reserva financeira até agora. E tenho gastado mal o meu dinheiro. Meu salário é trocado por superficialidades inúteis que não me acrescentam. Um mundo tão grande, e eu nunca fui além de cento e cinquenta quilômetros daqui. Fico ouvindo os relatos de quem viaja e, já que não conseguirei meu milhão aos trinta, é isso que eu quero fazer. Economizar para viajar.

— Fui uma vez para a praia. Tive que pegar um avião, de tão longe que era. Dividi a viagem em doze vezes para que eu desse conta de pagar. Há muito tempo já tinha retornado e os débitos continuaram por muitos meses ainda.

— Quero também ir para algum lugar em que eu precise embarcar em um avião, sob um sol intenso, e quando sair, espero um frio jamais marcado pelos termômetros daqui. Nem que seja por alguns míseros dias, quero viver tudo diferente. Andar pelas ruas com a certeza de que ninguém me chamará pelo nome. Convicto de que cada rosto que eu olhar será o de uma pessoa que eu nunca vi antes. Isso me traria um alívio e me tiraria o peso de ser a todo momento observado. Quero encontrar alguém interessante, não por conhecer exatamente uma pessoa especial, mas pelo simples fato de viver a sensação de um amor que se torne impossível por causa da distância. Sempre me encantei pelas histórias de duas pessoas que queriam estar juntas, mas que não podiam por morarem muito longe. E percebi que quanto maior era essa distância, mais especial a pessoa parecia ser. O inalcançável faz isso. Tudo de longe fica perfeito, mais desejável. Todos os meus amores sempre foram daqui. Talvez por isso, todos imperfeitos.

— Então qualquer lugar serve? Desde que seja longe e faça frio.

— Pesquisei alguns lugares, mas ainda não me decidi. E eu não vou contar a ninguém quando resolver. Só direi depois que eu voltar. Não que eu vá causar inveja em alguém, mas se uma única pessoa se atraísse pela minha ideia e fosse na mesma data, todo meu investimento valeria muito pouco.

— Na minha próxima viagem, vou querer algo mais simples. E farei de carro. Sempre andei por perto e nunca me senti um estranho. Meus destinos sempre estiveram num compasso, de não mais que trezentos quilômetros. De todos esses lugares eu ainda era parte. Tenho curiosidade em saber quais são os limites que me deixam igual aos outros e quando eu começo a ser diferente. Quanto tenho que rodar para que os sotaques comecem a mudar, para que as expressões sejam outras, para que me reconheçam como alguém que não é dali? Quero descobrir qual a última cidade que carrega algo da minha identidade. Quero dirigir até perceber os galhos retorcidos das árvores ficarem mais alongados e as placas dos carros começarem todas com uma letra diferente. Quero perceber pouco a pouco as mudanças nas construções e as transições das bandeiras e uniformes dos times de futebol pelas ruas. Quero conversar com pessoas diferentes. Você tem razão. Aqui é tudo igual. As mesmas paisagens, os mesmos rostos. As mesmas construções, os mesmos times de futebol. As mesmas placas de carros, a mesma identidade, minha e de todos os demais. Sinto que em outro lugar, nem que seja a passeio, eu poderia ser um pouco mais do que eu penso que sou. Então não sei quão distante seria. Mas quero marcar com um X o primeiro centímetro da localização onde eu seria um estranho.

Conversa vinte e quatro

SOMBRA E LUZ

— Meus dias são divididos entre os que eu sinto que posso mudar o mundo para melhor e os que não ocuparão nem um milímetro da minha memória. Entre os que eu entendo totalmente a população adulta por desenvolver tantos vícios diante de uma perda constante do encanto pela realidade, e os que eu consigo compreender a raridade da vida e a nossa obrigação de percorrer todo o potencial de se existir. Quando consigo escolher, opto por ser otimista.

— Tudo tem estado ofuscado. Como se eu estivesse em algum plano diferente. Não me surpreenderia se tudo o que acontece comigo fosse um sonho meio sem sentido e a qualquer momento eu acordasse. Até queria mesmo despertar de repente e poder começar de novo de algum lugar que ficou para trás, ao lado de alguém que também ficou para trás. Ainda me lembro de como foi quando o efeito do álcool passou e eu estava muito distante para fazer as pazes. Eu guardava só algumas ressonâncias de palavras horríveis que eu jamais havia pensado em dizer. Nós dois ficamos muito magoados para um recomeço. Foi mais uma dessas histórias que terminou antes de um ponto final, mas que não vale a pena ser escrita. Foi a partir dali que tudo se tornou desprezível e indiferente.

— Não é só você. Muitos ainda não recuperaram as noites perdidas por pessoas pelas quais não sentem mais nada. Todos os dias alguém reza para ter essa vida que você despreza. Sou otimista apesar dessa nossa jornada longa e inconstante.

— Não demora muito para perceber que já não dá mais para ser quem você um dia idealizou. De repente, você se dá conta de que o dia mais feliz da sua vida aconteceu há muitos anos e que agora sua lembrança só consegue resumi-lo em poucos minutos, em uma sequência de imagens que se parecem com fotos desgastadas pelo tempo. Tudo passa a ser visto em terceira pessoa, e os diálogos ficam mais difíceis de serem ouvidos. Depois disso, restam apenas sensações repetidas, e o ineditismo dá lugar à apatia, e nessa nova realidade os dias passam mais depressa. Somos somente a ilustração de um livro cuja história fala de algo comum.

— Experimente parar de deixar o que importa para depois. Parar de trocar o essencial pelo desprezível. Somos personagens de uma história que está sendo constantemente escrita. É difícil, mas tento me posicionar como o protagonista, pelo menos em minha própria história, da qual sou o narrador e posso escrever meu roteiro. Mesmo sendo minha própria jornada, é natural que por vezes eu me reserve ao papel de coadjuvante.

— Eu teria sido grande. Mas essa expectativa já terminou para mim. Poderia ter sido importante, se não fosse a minha apatia. Agora, lamento ao perceber que muitos, menos dotados e menos perspicazes, atingiram voos mais altos, simplesmente porque decidiram agir. Essa constatação me torna infeliz

— Às vezes, a felicidade reside na simplicidade que abandonamos ao longo do caminho, enquanto aguardamos algo grandioso. Grande parte disso é por conta do péssimo hábito de adiar a viver e fazer até que todas as circunstâncias estejam perfeitas.

Conversa vinte e cinco

PASSAR ADIANTE

— Fico impressionado por este comércio ainda estar aberto. Onde moro já teria falido. Na melhor das hipóteses, alguma rede de supermercados teria comprado.

— Aqui já pertenceu ao meu pai. Antes, ao meu avô. Foi a forma que encontraram para sustentar a nossa família. E continuo fazendo isso para a minha. Não existe razão para mudar algo que vem dando certo por tanto tempo.

— Então está perdendo a oportunidade de um marketing interessante. Colocar um "desde" e o ano de inauguração, para passar uma ideia de tradição, de solidez, que seja capaz de justificar a falta de adequação do lugar.

— Tudo o que eu sei é que lá fora já aconteceram duas guerras mundiais, caíram duas tores e um muro. Já foram três moedas distintas. Mas aqui, é como se não tivessem se passado três horas.

— Por isso só venho a passeio. Não entendo e nem me acostumo com essa valorização de uma vida em que nada relevante acontece. Estou há menos de cinco minutos aqui dentro e já imaginei tantas melhorias capazes de transformar seu comércio em algo que lhe daria muito mais dinheiro... Mas sei que nem vai querer me ouvir.

— Já escutei bastante sobre tais melhorias. E você está certo. Eu não adotaria nenhuma. Já estive nos supermercados da sua cidade. E me impressionei, mas não para o bem. Clientes atendidos por máquinas, e não mais por pessoas. E o pior, os atendentes antigos ensinando os fregueses a usar um computador para passar as compras. É como se estivessem a passar uma receita de como matá-los, pouco a pouco. Claro, pois alguém sem trabalho, mesmo que com necessidade de trabalhar, morre aos poucos.

— Não quero lhe ofender, mas acho que o que sente é frustração. Para mim, uma simples conta matemática. É quando você subtrai o choque da realidade pela miragem da expectativa. Daí o que resta é se esconder em algo obsoleto.

— Fique tranquilo. Ao dizer que sou antiquado, ultrapassado, não me sinto ofendido. Mudei pouco, tão pouco que alguém que me conheceu quando criança me reconheceria agora. Não pela aparência, mas pela minha essência. O mundo se alterou demais, eu sei. Mas eu acompanhei o meu mundo, devagar e simples. Meus amigos são os mesmos. Quanto que já foi da minha vida e o que ainda quero que seja, é tudo tão igual que eu nem sei diferenciar.

Conversa vinte e seis

POENTE

— Eu era da mesma sala da filha mais nova dele durante o colegial.

— Eu o conhecia de alguns trabalhos voluntários que ele fazia em parceria com a minha empresa. Mesmo assim, mais de cinco anos que não o encontrava.

— É porque passou os últimos anos acamado. Ouvi dizer que estava com Alzheimer. Ou Parkinson. Nunca sei bem a diferença. Desde março ele não conseguia mais caminhar sozinho. Sei disso porque conheço a cuidadora que ficou com ele nos últimos meses.

— Percebem como nem os filhos derramaram uma lágrima até agora?

— Esse é o motivo de eu não querer morrer muito velho. Ninguém se comove de verdade quando alguém parte depois de muitas rugas e cabelos brancos. Todos entendem que a vida foi bem justa por ter deixado viver por tanto tempo. Quero que muitos sofram no meu velório.

— Você nunca saberá se sofreram ou não.

— Acredito que saberei, sim. Depois que morremos, nosso espírito fica pairando por aí bisbilhotando tudo. O finado deve estar prestando atenção na nossa conversa agora.

— Penso que seja só isso mesmo. Nascer, viver e morrer. A vida é tão difícil de acontecer que deve ser aqui, mesmo com todo o sofrimento que a gente passa, o Paraíso que acreditamos encontrar só depois.

— Acho que deve existir algo em seguida. Mas não no sentido de voltarmos para este mundo. Eu suponho que a gente viva o melhor dia das nossas vidas, indefinidamente, infinitamente.

— Eu tenho certeza de que passamos por vários aprendizados posteriormente. E passamos a entender o que é o Universo, se existem ou não outros seres em outras galáxias, como foi que tudo surgiu. Só depois de mortos é que vamos compreender o sentido da vida.

— Concordo que não deve existir nada depois. É engraçado como fantasiamos o que vai acontecer. A gente se preocupa demais com aquilo que não é certeza e menos com o que é real. Imaginamos que a morte seja um refúgio, um escape daquilo que não conseguimos viver aqui. Imaginamos que a morte é melhor do que a própria vida, e que haverá uma recompensa. Por mais forte que seja essa crença, não queremos morrer. A morte é um sol poente que esquece de nascer no dia seguinte.

Conversa vinte e sete

MINHA ESCRITA

— Você não vai acreditar. Isso aí que estão falando no jornal. Pensei em escrever sobre há uns quinze anos.

— Pois eu até agora não entendi do que se trata.

— Imagine se a raça humana não tivesse desenvolvido a audição? Os sons estariam aí, presentes, mas sem serem percebidos. Transformados em algo visual, talvez em gráficos ou vibrações, mas sem a compreensão do que seriam os barulhos. Não haveria os rádios e nunca teríamos sabido quem era Sebastian Bach. Nossa forma de acordar seria outra, não com despertador. Saberíamos do início da missa tendo que ficar muito mais atento ao relógio, já que os sinos nunca teriam sido fabricados. Se fôssemos incapazes de sentir os cheiros das coisas, flores e tintas, ainda assim, emanariam seus aromas, que apenas não seriam captados. Nesse caso, não existiriam empresas de perfumes. O desconhecido, mesmo existindo. Quantas maravilhas estão agora ao nosso redor, mas sem a nossa consciência para captá-las.

— Então por que não escreveu quinze anos atrás?

— A falta de encorajamento sempre foi um peso. Das pressões dos meus pais e amigos até minha própria insegurança. Nunca me senti capaz de trilhar um caminho não convencional, pensando que alguém em um laboratório avançado já estivesse pesquisando essas ideias inovadoras. Comentei com algumas pessoas sobre essa minha curiosidade, sobre essa percepção. Mas todo mundo já tinha suas certezas. E esse excesso de certezas nos faz acreditar que não existe aquilo que não conseguimos compreender. Foi a partir disso que eu passei a admirar aqueles que têm dúvidas e sentir pena de quem carrega só convicção. Além disso, estava claro que não queriam que alguém como eu, que não tinha nada de especial, ficasse famoso ou fosse importante. Tendemos a não admirar nossos contemporâneos da forma que deveríamos, porque há em nós uma inveja velada pelo simples fato de alguém fazer ao nosso tempo algo melhor do que fazemos. Você jamais será o melhor em alguma coisa enquanto estiver vivo. Pode até ser que um dia você seja lembrado pelo que faz de melhor. Mas não saberá disso, porque não estará mais aqui.

— Concordo. É como se houvesse um tabu em admirar e reconhecer nossos contemporâneos. A valorização muitas vezes só vem após o fim da jornada, quando a competição já não existe. É quase um ultraje dizer que um escritor atual escreve tão bem quanto um escritor clássico, ou que um atleta recente performa melhor do que um jogador de futebol dos anos sessenta.

— Se o reconhecimento demanda tanto esforço sem garantia de frutos, por que persistir? Apesar de sentir estar distante o dia da minha morte, é como se apenas cumprisse uma obrigação em viver. Além disso, ninguém me ouviria ou prestaria atenção. Minha fala é simples e pouco confiante, e minha escrita tem muitos erros de português. Assim, eu não conseguiria entrar em um espaço que valoriza a estética e que preza mais quem reproduz um conteúdo ruim com uma segurança capaz de atrair os olhares. Esse não sou eu, infelizmente. Então começa a bater uma sensação de que não tenho mais nada a oferecer ao mundo. Esse mundo estranho, onde os seres chamamos de humanos são justamente aqueles que menos representam alguma humanidade. O que esperar de um lugar onde são os adultos que ensinam às crianças como se deve viver?

Conversa vinte e oito

STANISLAVSKI

Conversas de interior

— A história toda começou na minha infância, quando minha mãe me revelou um método curioso para lidar com meus pesadelos. Ela dizia que, se eu não contasse detalhadamente os meus sonhos ruins para alguém, eles poderiam se tornar realidade. Eu tinha tantos pesadelos que ficava assustado só de pegar no sono.

— E qual a relação disso com a sua decisão de voltar a morar aqui? As oportunidades que você tinha, não terá mais. No seu lugar, só viria para passar alguns dias. Uma semana, no máximo.

— Acontece que eu morava sozinho. Dormia sozinho. Tinhas sonhos ruins e acordava assustado, sem ter para quem contar. Já tentei para o porteiro, mas sempre havia algum outro morador conversando também. Quis descrever meus pesadelos para alguns colegas de trabalho, mas começaram a me achar estranho e logo uma fama ruim a meu respeito tomou os corredores da empresa. Eu cheguei a abordar pessoas nos semáforos, nos bares e dizia que precisava narrar a elas o que eu tinha sonhado naquela noite, e é claro que me achavam louco.

— Raramente me lembro do que sonho, e quando lembro, é tudo tão confuso, em preto e branco, sem sentido. Talvez por isso minha vida pareça tão bagunçada. Mesmo assim, eu tento não dar crédito a superstições desse tipo.

— Por um tempo eu quase parei de crer. Mas aí, teve uma noite que sonhei com minha avó. Ela tentava pegar algumas borboletas em um penhasco, desequilibrou-se e caiu de uma altura infinita. No dia seguinte, resisti em conversar com alguém sobre aquilo. Duas semanas depois, ela estava morta. E não consigo parar de pensar que foi minha culpa. Se eu tivesse dito a alguém, acho que ela ainda estaria viva. Depois disso, dormi poucas noites naquela cidade e tive apenas mais um pesadelo. Apenas uma pessoa, certa vez, me deu atenção. Conheci em um café, logo pela manhã, e contei exatamente o que eu tinha sonhado. E toda a angústia que o sonho me trazia, com medo de que fosse se tornar real caso eu não dividisse com alguém, foi embora.

— Espero que no fundo você saiba que não tem culpa do que houve com a sua avó.

— Tento não pensar a respeito, mas a minha consciência dói de verdade e me bate um desejo de voltar. De ter contado para alguém do sonho sobre a minha avó. Pela esperança ou mera curiosidade em saber se isso teria me dado um desfecho diferente.

— Fiquei curioso sobre o que contou para a pessoa no café.

— Estava comendo um pão antes de ir para o trabalho. Meus olhos ainda deviam estar um pouco aflitos e logo notei que ela havia percebido isso, porque me senti convidado a falar com ela depois de ter sorrido para mim. Não um sorriso de interesse ou flerte, mas um gesto de cortesia, de recepção. Estava sendo simpática. Então me sentei de frente a ela. Não disse meu nome e nem perguntei o dela. Fui direto e comecei a contar sobre meu último pesadelo: um lugar enorme, repleto de pessoas deitadas. Tentava falar com elas, mas claramente não ouviam. Tentava correr, mas tropeçava em seus corpos e quase caía. Olhava para o céu e não via nada além de uma escuridão opaca. Sem lua, sem nada. A moça então segurou minha mão e disse: "Você está com receio de ser sozinho". Sorriu novamente, dessa vez sem revelar nenhum de seus dentes. Acenou com a cabeça e foi embora.

— Não correu atrás? Podia ser a mulher da sua vida. Talvez ela seria o motivo de você não ser mais sozinho. Afinal, se contou o sonho para ela, seu medo não aconteceria mais.

— Cheguei a pensar que fosse isso por alguns dias. De forma paralela, comecei a ter pensamentos muito fortes que me direcionavam de volta para cá. Uma vontade quase incontrolável de andar pelas mesmas ruas e ver as mesmas pessoas. Claramente era o sinal. Aqui eu poderia contar tudo para muita gente. Eu não seria sozinho.

Conversa vinte e nove

CENSO DEMOGRÁFICO

— Não consigo acreditar que a população não tenha crescido nos últimos cinco anos. Isso é um absurdo. Com certeza é do interesse de alguém, ou de algum grupo, que esses números sejam mantidos. Por conta daquelas questões de transferência de verbas aos municípios. Se estivemos maiores, terão que nos mandar mais dinheiro. E não querem isso de jeito nenhum.

— Ainda vou tirar algum dia para eu mesmo contar. Mas acredito, sim, que o número de pessoas seja o mesmo há quinze anos. Sei que é frustrante, que chega a ser revoltante, ver que as grandes empresas preferiram se instalar em cidades vizinhas nos últimos tempos. É nossa função. Nascer e substituir alguém que morreu. Quando eu morrer, serei substituído também por alguém que acabou de nascer.

— Incomoda muito esse título de cidade pequena. Dá a impressão de que somos insignificantes e até mesmo inferiores, menos sábios. Já deveríamos ser uma cidade média. Novos bairros estão sendo construídos. Até um prédio novo, de oito andares, foi construído e já tem moradores.

— Uma cidade é tida como pequena por motivos que vão além do número de habitantes.

— Tamanho de território?

— Basta você prestar atenção nas placas. Nas placas das ruas, nas placas dos escritórios de advocacia e nos consultórios médicos. Os sobrenomes se repetem muitas e muitas vezes. Quando transitamos pelas ruas, na verdade estamos caminhando sobre personagens que insistem em não ser esquecidos, e mais do que herança em dinheiro, deixaram um nome para suas linhagens. Quando te apresentam para alguém, a primeira coisa que perguntam é o seu sobrenome. E se não for conhecido, desses que se repetem nos letreiros, o interesse em você será muito menor. Por isso lhe digo, apesar de alguns prédios e da nossa avenida reformada e do nosso novo centro de esportes, ainda vivemos em uma cidade pequena.

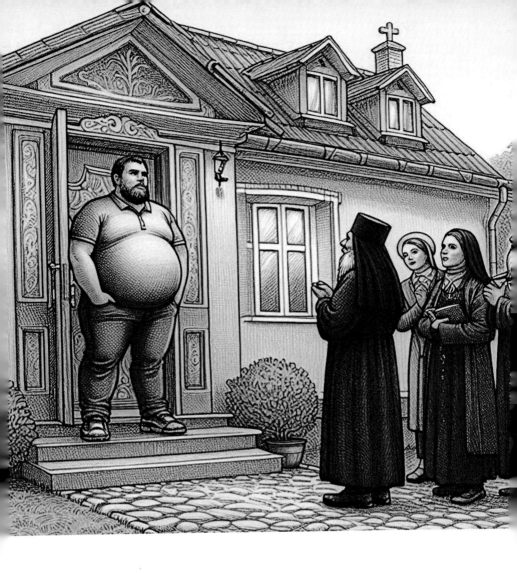

Conversa trinta

INVEJA

— Podemos entrar em sua casa para anunciar a palavra do Senhor?

— Muitas vezes pedi para que fossem embora. Outras tantas, fingi que não tinha ninguém. Mas hoje, vou deixar vocês entrarem, sim.

— Sábia escolha. Sempre importante ouvir o que Deus tem a nos dizer.

— Já lhes adianto que não acredito em nenhuma religião. E nem vou acreditar no que irão me dizer aqui. Sou um desiludido, e não por falta de tentativas. Já fui do tipo que parava qualquer atividade para sintonizar na rádio às dezoito horas. Todas as vezes que eu rezava contra alguém e em prol de mim, as coisas aconteciam ao contrário. Meus inimigos se davam bem, e eu afundava. Então tentei uma estratégia diferente. Passei a rezar por aqueles que eu não gostava e contra as minhas próprias vontades. Nessas vezes, fui atendido. Isso me deixava claro que Deus era contra mim. Apenas houve um momento em que não encontrava mais nada que justificasse alguma crença e não lutei mais contra isso.

— Não é perda de tempo nos deixar entrar se vamos falar de algo em que se recusa a acreditar?

— É que eu tenho inveja de vocês. Vivem com uma série de privações esperando uma gratificação divina que não existe. Abdicam de tudo em nome de uma disciplina que se baseia em promessas do desconhecido. Gastam seus finais de semana caminhando sob o sol, com roupas desconfortáveis, mesmo sabendo que a maioria das pessoas irão virar as costas para vocês. Eu queria acreditar em algo assim e por isso sinto inveja.

— Nunca é tarde para aceitar a verdade, o caminho da fé.

— É bem tarde, sim. Minha vida tem sido resultado de escolhas erradas. E o pior disso tudo é que eu sempre fui ciente de que não eram as melhores decisões. Antes mesmo de tomá--las. Por isso só me lembro com verdadeira nostalgia da minha infância. Da época que eram outros que tomavam decisões por mim. Lembranças das tardes de dezembro em que eu avistava uma tempestade vindo ao longe e logo depois a chuva se misturava com o calor do concreto. Eu sabia, então, que se aproximavam as férias e o Natal. Eu gostava de ver a cidade enfeitada e as pessoas mais sorridentes. Mas aí, um tempo depois, passei a não fazer mais distinção entre dezembro e abril. Desde então carrego em mim algo de infeliz, talvez por uma falta de perspectivas, de expectativas. Sinto que desperdicei a chance que tinha e nada existe depois daqui. Apenas pratiquei o mal, ou então deixei de praticar o bem. Dos sete pecados, cometi todos. Portanto, estou acabado.

— Pois o versículo que vamos ler vai te convencer de que o Céu existe e espera por você.

— Você não entende? Não quero acreditar em Céu. Não quero admitir que exista um. Já procurei dezenas de explicações sobre como ser admitido no Céu, e nem nos critérios menos exigentes eu me enquadro. Se for assim, significa também que existe um Inferno. E lá seria o meu destino.

Conversa trinta e um

ADORNOS

— Essa sua sala de jogos é maravilhosa. Meu sonho um dia poder ter uma igual.

— Pois vamos jogar algo, então. Pode até convidar mais gente. Pode ser bilhar, cartas ou videogame.

— Desculpe, senhor. Estou em trabalho agora. Foi só um elogio mesmo. Não tem como não reparar, mas ainda tenho entregas a fazer. Quem sabe trabalhando muito um dia eu monte uma assim na minha casa.

— Quando isso acontecer, não deixe que seja um enfeite. E mesmo que não consiga juntar dinheiro suficiente, dê preferência para ter algo mais útil e mais essencial.

— O que seria?

— Amigos com quem jogar. Eu sempre olho para tudo isso sentindo pena de mim mesmo por ter algo tão grandioso, mas não compartilhado. Veja quão humilhante é isso para mim. Preciso convidar alguém que veio entregar minha comida. Essa sala já está assim há mais de quinze anos. Mandei fazer tudo de forma impecável. Comprei todas as peças e todos os produtos dos melhores fornecedores. Ao passo que ia ficando pronta, eu imaginava minha casa sempre repleta, o que nunca aconteceu. Nunca recebo visitas. E ainda assisto da janela, nesse bar aí da frente, várias pessoas esperando para jogar sinuca naquela mesa velha e torta. E estão felizes. Conversam uns com os outros. O que fiz de errado para que ninguém queira estar perto de mim? Acho que sempre fui assim. Por exemplo, quando eu estava no colegial, tivemos uma excursão para a praia. Para a maioria dos meus colegas de classe, era a primeira vez que veriam o mar. Mas não para mim. Já tinha ido para o litoral umas vinte vezes, e me gabava por isso na ocasião. Todo mundo foi de ônibus, menos eu, que quis ir de avião. E da janela, eu tinha o mesmo sentimento que tenho agora, olhando para o bar. Não estão em um lugar tão bom quanto o meu, mas são claramente mais felizes do que eu. Meus colegas estavam juntos. Então prefira sempre estar, em vez de comprar. E tome aqui sua gorjeta.

Conversa trinta e dois

REIFICAÇÃO

— Meu último dia aqui hoje. Foram três anos, mas decidi que é hora de voltar para a rotina que eu abandonei.

— Fiquei triste quando soube que voltaria para a capital. Deixou de gostar daqui? Ou seus negócios pararam de prosperar?

— Os negócios vão bem. Até continuarei com eles. E gostar daqui nunca foi a questão. Desde o meu primeiro dia vocês me receberam bem. Gosto muito da minha casa e não espero ter uma igual para onde vou. Mas eu adquiri hábitos que me fizeram mudar demais. Não consigo seguir assim.

— Às vezes vou para algum lugar apenas de passagem e meu sotaque já fica diferente. Até minha forma de me vestir muda. Eu sei bem que morar aqui e se acostumar com o interior tira de pessoas como você, por exemplo, a vontade de enriquecer a todo custo. Ficar rico por aqui é quase desnecessário. Até uma perda de tempo. Não se precisa de muito. Então alguns ficam com a sensação de que não é necessário se esforçar tanto para se ter as mesmas coisas. E muitos não conseguem conviver com uma realidade em que coisas boas podem acontecer sem custar dinheiro.

— É justamente isso. Acabei me rendendo ao excesso de tempo que se tem aqui. Para meus antigos padrões, os dias duram bem mais. Eu diria que umas cinco horas a mais. E o que fiz com esse tempo foi mergulhar em reflexões, contemplações e conversas que não levam a lugar algum, mas que fizeram surgir em mim uma sensação de insignificância. Eu sempre chego ao entendimento de que não represento quase nada diante da vastidão que passei a enxergar. Eu quero de volta aquela rotina estressante, que me ocupava cada minuto, que me desgastava ao ponto de chegar em casa e não querer nada além de dormir. Naquela época eu não tinha essa impressão de que sou passageiro e descartável. Hoje eu percebo o quanto era feliz quando todo aquele meu contexto de alguns anos atrás me convencia de que era importante tudo aquilo que na verdade não faz a mínima diferença. Quero voltar a uma ilusão que me fazia maior. Por isso vou embora.

Conversa trinta e três

VIDA APÓS A MORTE

— Nunca gostei de dar satisfação aos meus pais quando eu tinha dezessete. Hoje eu queria dar a eles muitas explicações. Do porquê estou aqui, desse jeito. Que não é culpa deles, é culpa minha. Mas onde estão agora, minhas justificativas são desnecessárias. Ou porque já compreendem tudo, ou porque o fim seja mesmo algo definitivo.

— Eu acredito que te ouvem. Ou sentem, ou veem. Ou usam algum outro sentido que a gente não compreende para nunca perderem o que se passa com quem ficou.

— Quero acreditar. Mas daí, talvez, seria assumir alguma crença religiosa.

— Você pode tentar ser mais prática. Esqueça doutrinas e religiões. Houve uma época em que viveram dois homens aqui. O primeiro levou uma vida pacata e sem graça. Seguia rotinas e apenas se preocupava em ter dinheiro no fim do mês para pagar as contas. Ele faleceu aos setenta e nove, em 1998. Um outro ficou conhecido porque ela filantropo. Ajudava quem não conhecia e não se vangloriava disso. Trabalhava dando aulas de português a quem nem sabia escrever o próprio nome. Tem uma escola hoje que leva o seu nome. Morreu aos cinquenta e dois, de causas naturais, em 1993. A ciência dirá que o de setenta e nove viveu mais. Apesar disso, aquele que se foi aos cinquenta e dois ainda vive. Um homem só morre para o mundo quando seu nome é dito por alguém pela última vez. Enquanto for lembrado, estará vivo. Essa, para mim, é a maior prova de vida depois da morte.

Conversa trinta e quatro

FALÊNCIA

— Eles tiveram que vender a casa e agora estão procurando um lugar menor e mais barato. Também se desfizeram do carro. Soube que por um preço muito abaixo da tabela, porque estão precisando muito de dinheiro.

— Eu desejo que se recuperem. O restaurante deles sempre foi muito tradicional. É triste ver gente assim passando por dificuldade. Esperava que muitos outros falissem, mas não eles.

— O pior de tudo é que eles têm duas filhas em faculdades particulares. As mensalidades devem ser altíssimas. Não sei o que irão fazer.

— Darão um jeito, tenho fé nisso. Imagino que a pressão seja grande, mas é nas dificuldades que a gente redescobre aquela chama perdida que nos faz buscar algo maior do que só seguir a rotina.

— Tenho minhas dúvidas. Talvez fiquem até meio em baixo-astral. Imagina não poder mais trabalhar com aquilo em que se é bom. E ter dinheiro durante muito tempo e depois perder tudo deve ser desolador. O fracasso dói, especialmente quando todo mundo o testemunha se desenrolando.

— No meu caso eu até preferia que tivesse sido assim. Deixei para cuidar da minha vida muito tarde. Só depois que meus pais morreram, naquele acidente de ônibus. Enquanto estavam vivos, eles me viam sentado no sofá, assistindo a filmes repetidos. Com idade suficiente para ter feito algo bom, eu ainda vivia ali, dependendo do que eles me compravam para comer. E foi essa a imagem que levaram de mim. Meu sucesso veio só depois. E a não ser que tenham se tornado espíritos que me assistem, é isso o que levaram de mim para seus túmulos. Então, eu preferia ter mostrado a eles que eu era capaz antes que tivessem ido. Mesmo que eu perdesse tudo depois. Esse é o sentimento que mais me corrói. Um verdadeiro fracasso. Ao mesmo tempo, eu tenho consciência que foi a partida dos meus pais que fez despertar em mim a urgência de viver e a necessidade de me comportar como um adulto. Não quero comparar a morte das pessoas mais importantes que tive com a falência de um restaurante. Mas, muitas vezes, o convite ao despertar é parecido.

— Para mim você sempre tinha sido esse comerciante bem-sucedido.

— Sempre tivemos o suficiente para sobreviver. Eu apenas era pobre na maneira de viver. Escravo de padrões, inconsciente das consequências das minhas más escolhas, com a falsa sensação de que poderia fazer algo relevante quando achasse mais conveniente. Dizemos para nos conformarmos que as nossas decisões erradas serviram para fazer de nós pessoas mais fortes, mais sábias. Na verdade, minhas más escolhas foram todas conscientes, e se eu voltasse no tempo, certamente repetiria todas elas.

Conversa trinta e cinco

PREVIDÊNCIA SOCIAL

— Disseram que foi um infarto fulminante, o que é bem estranho para alguém com a idade dele. A cidade toda está de luto. Era um rapaz muito bom, que praticava o bem.

— Dizem que os bons morrem jovens. Não que eu queira acreditar muito nisso, já que a idade já me acometeu.

— Consigo mesmo me lembrar de alguns que perderam a vida muito cedo. E todos me pareciam excelentes pessoas. Ao mesmo tempo, também me lembro de vários que morreram na velhice e que também eram ótimos seres humanos.

— Então essa não deveria ser uma regra. De que os melhores vão cedo. Na verdade, me parece é que as pessoas ruins insistem em viver por muito tempo. São poucos os maus que não passaram dos trinta. O que não muda é o fato de que a idade determina a quantidade de sofrimento gerada nos que ficam. Independentemente se boas pessoas ou más pessoas, quem se vai aos vinte é capaz de gerar muito mais dor e muito mais comoção do que quem morre aos noventa. Para alguém acamado e inválido, às vezes representa um alívio para os que o rodeiam. O sofrimento, o abalo e a compaixão estão diretamente ligados à quantidade de vida não vivida. Mas é algo muito subjetivo, impossível de demonstrar. Ninguém jamais fez uma pesquisa quantitativa, por exemplo, de somar as lágrimas de um velório de alguém jovem quando comparado ao de alguém bem idoso. Ou ainda melhor, uma média de quanto cada pessoa chorou. No meu caso, na hipótese de eu morrer amanhã, poucos serão os que irão chorar. Não porque não gostam de mim, não é isso. Mas por entenderem que tive o tempo necessário ao meu dispor e partirei seguindo uma lógica, em que são os filhos que se despedem dos pais, em que o mundo se livra, de forma lenta e permanente, de quem não dispõe mais da mesma energia e do mesmo ânimo. É de se conformar que o velho já teve sua oportunidade, ignorando se ainda tem ou não vontade de viver.

Conversa trinta e seis

PRESSÁGIO

— Na sétima série, minha professora de redação me contou uma história que eu nunca esqueci. A de um vidente que prezava reconhecimento. Acontece que ele errava na maioria das previsões. Mesmo assim, sempre tentava de novo. Ele sabia que tinha algum tipo de dom para prever o futuro. E se o que ele previa não se realizava, é porque algum fato se intrometeu no que deveria ter acontecido. Uma previsão que ganhou até notícia em jornal foi a de que haveria um engavetamento da rodovia principal, envolvendo seis carros e dez pessoas, em que todos acabariam mortos. Por um tempo, muita gente ficou amedrontada e desistiu de viajar. O resultado foi que, por meses, até que se passasse a data da previsão, a estrada ficou pouquíssimo movimentada. E foi por esse motivo, de acordo com o vidente, que o acidente não aconteceu. Ou seja, não é que estivesse equivocado, mas tinha o poder de mudar o curso do destino e, graças a ele, uma dezena de pessoas continuava viva.

— Esse cara existiu de verdade ou alguém inventou isso?

— Você vai entender quando eu terminar de contar. O que aconteceu foi que passaram a não acreditar nessa história de mudar o rumo dos fatos, de salvar vidas etc. Queriam algo concreto, principalmente tragédias concretas. O vidente então caiu em descrédito. Não foi mais chamado para dar entrevistas ou consultado pelas companhias aéreas sobre o próximo avião que cairia. E lembre-se, ele gostava e dependia de reconhecimento. Apesar de ele saber que suas previsões eram reais, o fato de ninguém mais levar isso em consideração acabava com ele. Mesmo assim, ele acertou mais uma única previsão, mas ninguém deu a ele o crédito. E sabe por quê?

— Não faço ideia.

— Porque a previsão certeira dele era a de que o mundo iria acabar. Sua última previsão, acertada, foi a do fim da humanidade.

Conversa trinta e sete

COMPENSAÇÃO

— Não tenho razão para falar mal a respeito dela. Acredito que nem ela a meu respeito. Nunca fomos pessoas ruins. Apenas deixamos de nos fazer bem. Estaríamos melhores sozinhos, ou com outras pessoas. Talvez o cansaço, talvez o fato de nos conhecermos bem demais, a ponto de não existir mais espaço para nos impressionarmos. Eu nem me lembro quando foi a última vez que nos surpreendemos um com o outro. Mas foi bem antes do início do fim.

— Ao menos terminaram sem agressões. Verbais, quero dizer. Tanto é que demorou até descobrirem que vocês não estavam mais juntos.

— A gente estava esgotado até mesmo para isso. Na apatia não existe lugar para o amor, nem para o ódio. No começo, eram juras e promessas. E no começo também brigávamos com alguma intensidade. E toda essa energia, fosse para os pactos de amor eterno, fosse para os desentendimentos que terminavam em um abraço forte, cederam ao tempo. Nosso amor foi como um maratonista que buscava os quarenta e dois quilômetros, mas já no décimo estava cansado demais e não via mais sentido em continuar, e que, assim mesmo, seguiu caminhando a passos lentos, cabisbaixo, porque tinha medo de simplesmente sair. Nesse percurso, passamos mais tempo tentando retomar o que nos fazia bem do que vivendo o que nos fazia bem. Passou tanto tempo que hoje nem sei mais se sou capaz de conhecer alguém novamente, com receio de que quanto mais eu souber dela, e quanto mais ela souber de mim, maior será o risco de que fiquemos ambos desiludidos, procurando nos apegar em expectativas passadas.

— Eu já me senti assim. Fiquei esperando por alguém que me fizesse mergulhar de novo em algo desconhecido. Alguém que me fizesse dizer novamente palavras que estavam guardados, empoeiradas, em um vocabulário que não valia mais a pena utilizar. A verdade é que apareceram pessoas por quem eu queria me arriscar. Mas nunca mais mergulhar tão fundo quanto da primeira vez. Algumas palavras eu nunca disse novamente. Ou disse, mas não tinham mais significado. As decepções travam nossas sensações, e a verdade é que, na maioria das vezes, gastamos as nossas primeiras sensações com quem não as merecem. E nunca mais seremos capazes de retomar essas emoções com a pessoa correta.

Conversa trinta e oito

HOROLOGIA

— A principal diferença de uma cidade pequena para uma cidade grande é que aqui, no interior, a gente tem menos desculpa para deixar de fazer alguma coisa.

— É verdade. Aqui não dá para culpar o trânsito pelos atrasos e nem a distância pela ausência.

— E não é necessário se programar para ver alguém. É só ligar, dizer que está a caminho e chegar cinco minutos depois.

— Não pensa em morar aqui? Fica contente em somente passar as férias?

— Já pensei em me mudar e deixar a capital, mas sempre acabo decidindo por ficar lá. Mesmo sendo refém de péssimos hábitos. De gastar minha energia e fingir alegria com quem não merece e nada me traz. Minha agenda sempre cheia de compromissos que só faço por obrigação e de pessoas com quem só converso por ser um dever. Eu até gosto daqui, mas é que às vezes me parece que o tempo aqui não passa.

— Nisso você tem razão. Principalmente aos sábados, na parte da tarde, depois que todas as lojas fecham. Uma vez o relógio da Igreja parou às 15h32. E ninguém se deu conta até o Sol se pôr. Alguns, que marcaram compromisso às quatro ou cinco da tarde, chegaram muito atrasados. E todos fizeram tudo com ainda menos pressa, já que não ouviram o badalar dos sinos.

— Como se nada tivesse acontecido nesse tempo todo.

— Foi como se naqueles instantes não tivéssemos obrigação de nos gastar. Como se estivéssemos livres para fazer para sempre aquilo que queríamos fazer sem que nos fosse subtraído nem um segundo. Na verdade, foi como se a vida pudesse acontecer sem estar prisioneira da amarra das horas.

Conversa trinta e nove

UM GAROTO DE FUTURO

— Sei que o senhor não me conhece. Também sei pouco a seu respeito. Mas é que desde que eu era criança e andava de bicicleta por aqui te vejo sentado nesse mesmo lugar, quieto e pensativo.

— E resolveu falar comigo justamente hoje?

— Fui aprovado na melhor universidade da capital. Já irei na próxima semana. Se não viesse agora, talvez não viria nunca mais.

— Parabéns. Motivo de felicidade.

— Sim, por ter conseguido passar. E confesso que também porque ir para uma cidade maior, sentir que passo a desbravar um pouco o mundo, sempre foi o meu sonho.

— Cuidado apenas com a quase existência.

— Quase existência?

— Eu já fui assim, quase como você. Fui forçado a enxergar a vida, desde que minha memória me permite lembrar, como uma oportunidade de vencer, em vez de vê-la como um curto período para que eu pudesse ser feliz. Era bastante comum confundir realizações com felicidade. Atingir um objetivo era algo essencial. O único caminho possível para me sentir pleno, completo. Hoje eu sei que ter agido assim, durante trinta ou quarenta anos, é o que melhor explica minha instabilidade, minha insatisfação e a dificuldade que eu tenho em não me preocupar.

— Acho que também enxergo um pouco a vida assim. Como uma competição.

— Fui uma vítima da boa vontade. Dos meus pais, dos meus avós, dos meus professores. Da convenção de uma sociedade do bem, que insiste, desde que eu era muito jovem, e até antes disso, em associar felicidade e sucesso, quase como se fossem sinônimos. E a derrota, ao contrário do que me disseram, e do que provavelmente disseram a você, não deveria representar vergonha, mas uma experiência de paz que aqueles que só sabem vencer jamais terão. O que poucas pessoas percebem é que essa dinâmica da condução da vida é o que leva ao que eu chamo de quase existência. Não vivo mais uma quase existência, mas essa fase durou muito para mim.

— Desculpe, mas estou um pouco surpreso. Pelas palavras que você usa, pela forma que se comunica. Não era o que eu esperava encontrar ao lhe ver.

— Faz parte do abandono da quase existência deixar de lado essa necessidade estúpida de querer causar boas impressões.

— Quando se deu conta da sua quase existência?

— Acontece que eu havia acabado de sair da faculdade, período em que acumulei boas histórias e ótimos amigos. Ter ingressado na faculdade já era motivo de orgulho para os meus pais, meus avós e meu professores. Logo depois passei a trabalhar para uma grande empresa. E lá sempre me diziam que eu era um garoto de futuro. Essa combinação fatalmente me levou ao período de quase existência. Fiquei preso entre os meus vinte e dois anos e um futuro glorioso que todos me garantiam estar logo ali. Futuro este em que eu teria poderes de decisão, experiência, ótimas ideias, muita admiração e muito dinheiro. Fiquei então inserido entre dois mundos. O da realidade que havia ficado para trás, e que me fascinava ao lembrar, e outro, de algo que só não era meu ainda por uma questão de tempo, e que eu tinha um prazer indescritível em imaginar como seria quando acontecesse de verdade. Só não me dei conta de que entre esses dois mundos era onde estava eu de verdade. Um período da minha história em que eu tinha vitalidade, beleza, disposição, criatividade. A última ocasião em que eu ainda sentia que todas as possiblidades ainda me eram realizáveis.

— Mas o que foi que aconteceu?

— Tinha tudo para que fossem os melhores anos da minha vida. Mas foram os anos da minha quase vida, da minha quase existência. E é curioso o quanto a quase existência passa bem mais rápido do que uma existência de verdade. Hoje eu sei o porquê. O motivo é que praticamente todos os dias são iguais. Na quase existência não se acham muitos momentos inesquecíveis. Segue-se uma rotina definida, com poucas alterações para o dia seguinte. Os caminhos são os mesmos, sem desvios de rota. Cumprimenta-se as mesmas pessoas, com as mesmas frases e o mesmo timbre de voz. Passa-se mais tempo olhando para uma tela do que para olhos. Eu nunca encontrava tempo para o que realmente gostava. Tinha que voltar vários meses para resgatar na memória a última coisa verdadeiramente incrível que eu havia feito. Isso é sinal de que o tempo passou muito rápido. É sinal de desperdício de vitalidade, é sinal de que várias pessoas passaram e não foram conhecidas, vários lugares deixaram de ser vistos, várias sensações passaram e não voltam. É sinal de que se é mais uma vítima da quase existência.

— Já ouvi algumas coisas parecidas. Para ser sincero, é como se quisessem me assustar. Como se isso fosse me fazer ficar aqui. Mas já estou decidido a ir.

— Sei o que deve estar pensando. Do que se pode reclamar, não é? O importante é vencer, mais até do que viver. Fui muito adepto disso. Foram dias de sacrificar minhas vontades para que todos pudessem ver em mim algum retorno sobre o tempo, o dinheiro e a paciência que foram gastos comigo. Para justificar, sob a ótica da sociedade ao meu redor, que eu ainda tinha um determinado valor. Uma ação de empresa em ascensão. Foram inúmeras as vezes que desfilei aqui, nas ruas desta cidade, durante feriados movimentados, em um carro novo, com os vidros abertos, para que soubessem que meu lugar não era aqui. E isso me fazia um ser superior. Foram décadas até aprender que eu poderia trazer felicidade a quem importava para mim de várias outras maneiras. Não teria que abandonar meu lugar, meus amigos, e desaparecer em ruas e transportes lotados para mostrar que eu havia superado todos os outros. Foi esse orgulho que me impediu de existir completamente por centenas, milhares de dias. E que diferença isso me faz hoje? Como me sinto tolo em ter tentado me projetar para um público que nunca me deu a mão ou um bom-dia sincero. Gente que, na verdade, nunca prestou atenção em mim. Foi por eles, muito mais do que por mim, que eu quis comprar celulares novos e roupas caras. Quanto tempo e dinheiro gastei tentando impressionar quem menos importava... Uma pena que algo assim só faz sentido quando pais, avós e professores já estão mortos.

— Pense que talvez haja muitas lembranças boas desse tempo. Mas você simplesmente escolheu apagar.

— Ainda me lembro como eram bons os elogios do chefe. Mas isso durava até um erro pequeno, banal. E tudo desaparecia. Também era boa a sensação de comprar um carro novo, mas, exatamente como uma droga, me deixava extasiado até que viesse um primeiro arranhão na lataria, ou até que o modelo mais novo chegasse. Na quase existência, os prazeres têm prazo de validade. A felicidade usa uma máscara. Pessoas e momentos são descartáveis. Jogamos fora sem culpa. Agarrados a uma certeza de que a felicidade está na próxima estação ou talvez a algumas adiante. E foi aos vinte e sete, no meio dessa fase, que conheci uma pessoa companheira, com quem dividi amor e angústias. Ela devolveu sentido aos meus dias, me resgatou de um coma subconsciente.

— Como a conheceu se vivia apenas pela metade?

— Troca de olhares em um restaurante onde eu costumava almoçar. Ela não reapareceu por três dias. Mas quando a vi novamente, coloquei em prática o que havia ensaiado no espelho. Talvez ela tenha se ausentado justamente para que eu sentisse falta e me preparasse para dizer as coisas certas. Vou lhe poupar sobre o que conversamos. Não foi nada romântico e tudo aconteceu muito rápido. Não demorou a trocarmos um "eu te amo", não demoramos a conhecer as famílias um do outro e a pensar em um casamento, que aconteceria dois anos depois.

— Vê como valeu a pena? Foi num momento que tanto critica que conheceu o amor da sua vida.

— Foi apenas uma compensação justa pelos anos perdidos. E, como todo o resto, durou por algum tempo. Não foi amor da vida. Foi amor da quase vida.

— Então talvez se sinta assim, na verdade, pela falta dela. Ou pela falta do que tinha com ela.

— Com a solidão se acostuma. Dificulta sonhar e impede a saudade. Os períodos amargos com a pessoa certa, com o trabalho certo, com os amigos de verdade são poucos, são intensos, mas passam; os períodos felizes com a pessoa certa, com o trabalho certo e com os amigos de verdade são muitos e sempre intensos. A intensidade faz parte da nossa existência, mas não da nossa quase existência. É mais fácil do que imaginamos mergulhar num marasmo de mesmos rostos e mesmas cores. É uma distração infinita que nos impede de criar histórias, criar memórias e criar sorrisos. No nosso rosto e nos daqueles que estão com a gente. Alguns ainda se dão conta da quase existência a tempo. Outros, só à beira da morte. Há quem leve a quase existência para o túmulo, aguardando um futuro prometido que nunca chegou. E, nesse caso, ainda julgam o sucesso de quem morre pela quantidade de pessoas que comparecem a um enterro. Abandone esta cidade se quiser. É um direito seu. Apenas não abandone sua total existência.

Conversa quarenta

DESCONHECIDOS

— Viemos para escapar. Acabamos por nos adaptar e dois anos já se passaram.

— É feliz aqui?

— Feliz, talvez não. Mas menos infeliz, sim. Apesar de tudo o que me aconteceu quando eu morava na capital. Na capital de fato, do nosso estado, não na nossa capital mais próxima.

— O que lhe passou?

— Perdi um filho. Não sei se desaparecido ou se morto. Nunca ficou claro se foi uma decisão dele ou uma fatalidade.

— Não consigo nem imaginar essa dor.

— Chega a ser inconcebível. Não pensei que o amasse tanto. Afinal de contas, foi por ele que vivi, e ainda vivo, um casamento fracassado. Passei os primeiros anos da sua vida o culpando, de maneira subliminar, por ter tomado a minha liberdade. Também não sabia que era possível amar de verdade um desconhecido. Apesar de ser meu filho, não o conhecia bem, não conversávamos direito. Ele também não me conhecia muito bem. Mas imagino que me amava. Mesmo assim, tenho um arrependimento enorme por todas as vezes que optamos pelo silêncio quando havia algo sobre mim, ou sobre ele, que poderia ser dito. A sensação de oportunidade perdida torna ainda maior a dor de uma perda. E uma perda que geralmente é dos filhos para os pais, quando acontece o contrário, é mais difícil de aceitar. A ponto de se abandonar uma rotina e buscar começar de novo em um lugar desconhecido. A lição que fica é a de que não é porque tudo deu errado que precisamos ser completamente infelizes.

— Sempre me perguntei o motivo de estarem aqui. Não é comum alguém que não queira participar, conversar, ir a eventos. E agora está mais do que explicado. Escolheram aqui para uma fuga pós-tragédia.

— Queríamos um lugar onde ninguém nos conhecesse, onde ninguém nos perguntasse nada que nos remetesse a alguma memória. Simplesmente não conseguíamos mais permanecer naquela casa. Era grande, bonita, mas ficou cada vez mais vazia. A cada dia ficava mais silenciosa, quase que assombrada. Meu filho já havia saído há quase dez anos, mas o quarto dele nunca tinha sido desfeito. A repetição das dinâmicas permanecia e passara a ser um instrumento de choque que quase nos impedia de respirar. O que mais me estranha em tudo isso é que só me casei e só permaneci casado por conta do meu filho. Não queria que ele crescesse longe do pai. Eu não aceitava que poderia perder sua evolução. Mas mesmo com ele crescido e indo morar em outra cidade, sozinho, permaneci com a minha esposa, e mesmo depois que ele se foi, para sempre, eu simplesmente não consegui terminar meu casamento. Eu me conformei que a vida que eu queria já não era mais possível de acontecer e me acostumei com alegrias pela metade. E sou menos infeliz assim.

Conversa quarenta e um

PESSIMISMO

— Não entendo como as pessoas gostam tanto de falar de si mesmas. Parece até que têm vidas que valem compartilhar. Tenho muitos defeitos, mas ao menos carrego um bom senso de que quase ninguém se importa com o que faço ou com quem sou.

— Por um tempo eu sentia uma grande necessidade de falar sobre mim. Ser o centro das atenções e dos assuntos era a única maneira de eu me sentir confortável. Mesmo com uma consciência sobre a minha irrelevância. E para deixar minhas histórias mais interessantes, eu adicionava partes de filmes ao que tinha acontecido comigo. Dizia que algumas histórias se passavam em uma cidade distante, na qual eu nunca estive, com pessoas de nomes fictícios, cujas feições eu conseguia retratar muito bem, apesar de não existirem. Percebo hoje que é provável que duvidassem do que eu dizia. Mas não importa. Para mim eu passava a ser alguém incomum.

— Combinar arte, realidade e mentira, no sentido de tornar mais atraentes as situações corriqueiras, é um artifício que eu também já utilizei. Mas a verdade é que não há mais nada de novo para ninguém. O mundo já está velho. Já foram acontecimentos demais. Vivemos em uma era em que tudo já foi em algum momento, e por isso idolatramos tanto o passado.

— Não é que não tenhamos criatividade. Mas só nos resta repetir, e isso é entediante.

— Nossa geração terá pouquíssimo destaque na cronologia histórica. Rezamos sempre para os mesmos santos, já conhecidos. Mesmo que exista hoje uma pessoa boa e pura o suficiente para ser canonizada, é provável que jamais seja reconhecida, pois ninguém confiaria a ela um pedido para um milagre. A confiança será sempre naqueles de mil anos atrás. Pouco se sabia a respeito de suas intimidades. Era mais fácil parecer exemplar, irrepreensível. Hoje sabe-se tudo sobre todo mundo. E, no fundo, ninguém é santo todo o tempo. Não se arriscariam pedindo pela vida de um ente próximo que padece a alguém da atualidade. E, mesmo que você hoje vire também um santo, independentemente das proezas que faça, ninguém trocaria o nome das cidades de São Paulo ou São Francisco pelo seu. São poucas as lacunas para que alguém se torne imortal nos dias de hoje.

— Somos personagens de uma história constantemente escrita. O que me falta é coragem e vontade para tomar as rédeas dessa história. Pouco ou nada tenho feito para que meu nome dure um pouco mais que a minha existência. E não farei nada de extraordinário para buscar isso. Até porque eu percebo que são as maldades que geram alguma eternidade. Pelo menos é o que concluo ao olhar os livros e assistir documentários. Ted Bundy será lembrado por mais tempo que Gandhi. Já se sabe muito mais nomes de assassinos em série do que ganhadores do Prêmio Nobel da Paz.

— Quanto a mim, desejo mesmo ser desprezado pelo tempo, despercebido pela eternidade. Não quero que saibam que compactuei com esse mundo hipócrita. Diante do marasmo do nosso lugar e da nossa incapacidade de produzirmos algo realmente novo, talvez a gente seja somente uma história que não vale a pena ser escrita. Apenas algo que terminou antes do ponto final.

Conversa quarenta e dois

PARA PERCEBER DEPOIS

— Pare de se lamentar. Lembre-se que errar é humano.

— Sua frase está desatualizada. Errar deixou de ser humano e passou a ser coisa de gente fracassada. Um oitavo pecado capital.

— Ainda defendo a nossa liberdade ao erro. E neste mundo de artificialidades, ainda me permito errar, só para me sentir um pouco mais humano.

— Tem uma máxima que me atrai: o de que "a gente era feliz e não sabia". Percebemos só bem depois que ainda tínhamos muita vida adiante, é verdade. Porém, é sempre mais fácil vê-la simplesmente passar do que fazer parte dela. Era mais fácil me debruçar sobre a janela. Deixei meu futuro esperando por tanto tempo que ele se cansou, arrumou as malas e foi ser de outra pessoa.

— Algumas felicidades a gente não percebe na hora. Ou até a maioria delas. Muitas vezes a gente só se dá conta que foi feliz bem depois de tudo acontecer. Mas isso não significa que a gente não sabia. Apenas quer dizer que a felicidade não carrega pretensões. É quando folheamos as páginas com nossas memórias que nos damos conta que as melhores lembranças não aconteceram em momentos planejados. E nas melhores alegrias estávamos distraídos demais para saber que aquele sentimento simples ficaria para sempre na nossa recordação.

— Quando quero dormir, sempre me deixo levar para uma ocasião em que eu fui feliz. Minhas alegrias moram nas minhas saudades mais simples. Eu sempre pego no sono me recordando do dia em todo mundo se reuniu na praça porque o homem iria à Lua pela primeira vez. Era 1969 e as câmeras não tiravam boas fotos que guardassem aquilo. Olhamos para o céu, com uma real expectativa de vermos a nave e o pouso. Se fosse hoje, estaríamos mais preocupados em nos colocar em primeiro plano, com a Lua ao fundo. Não ter fotos daquele dia abre espaço para que eu duvide, acrescente e reviva.

— Falhamos cada vez mais ao perceber que a felicidade existe para ser vivida, mais do que para ser registrada, afinal, nós nunca sabemos de fato quais serão os momentos que vamos, por alguma razão, eternizar. Não é somente o que se está nas fotos. Nem tudo o que é memorável está nas imagens. E isso nos dá até uma liberdade de construir algo nas lacunas que o pensamento esquece. Da mesma forma, nem tudo nas imagens é memorável. Muito é forjado, fabricado para exibir uma realidade maquiada. Não é que antigamente as pessoas com vinte anos ou mais não tinham tanta beleza quanto as de hoje. As nossas fotos eram tiradas uma única vez, em filmes de, no máximo, trinta e seis retratos, que custavam muito dinheiro para serem revelados. O artifício de repetir poses, até encontrar alguma decente, é recente e maquinal. Existe uma diferença entre querer capturar a qualquer custo o potencial máximo de uma beleza que exige um ângulo exato e registrar um momento. O momento é o que diferencia um segundo do outro. Foi para isso que inventamos o tempo.

Conversa quarenta e três

TRIVIAL

— Ela detestou seu comportamento. Disse até que você a fez lembrar o pai dela.

— Por isso não responde minhas mensagens e nem me atende. Tentei ligar várias vezes.

— Acho melhor você partir para outra. E repensar a forma como se relaciona com as mulheres.

— Já tentei. Mas tenho quase certeza de que faço isso instintivamente. No fundo, é porque não quero uma mulher como ela.

— Aposto que diz isso porque foi rejeitado.

— Não me leve a mal. Ela é uma pessoa ótima. Mas tem filhos e é divorciada.

— Sobre esse tipo de pensamento a que me referi. Você precisa urgentemente mudar. Abandonar essa mentalidade atrasada, esse machismo.

— Não sou machista. Apenas sou daqui. Nasci aqui e nunca saí daqui. Penso como quase todo mundo daqui. Fico feliz que os mais jovens que eu comecem a pensar diferente. Mas sou igual aos da minha geração e das gerações passadas. Posso culpar o lugar, posso culpar a família. Minha culpa também. Não que isso justifique, ou talvez justifique, sim. Nas minhas recordações mais nítidas, vejo meu pai quase me espancando ao saber que eu estava no time de vôlei da minha escola quando eu tinha treze. E vejo meu pai feliz, orgulhoso, ao saber que eu havia contraído uma doença venérea aos dezesseis.

— Se o seu planejamento de vida incluir alguém ao seu lado, vale a pena tentar mudar. O primeiro passo é justamente o reconhecimento de que alguma coisa está errada. Por mais difícil que seja, por mais que não mude por completo. Os tempos são outros, as mulheres são outras. Seja outro você também. Nunca é tarde para uma paixão que valha a pena.

— Eu já me apaixonei algumas vezes. Agora todas as que me fizeram apaixonar estão velhas. As jovens ficariam comigo apenas por dinheiro. Nada contra. O problema é que eu não tenho dinheiro suficiente para que alguém fique comigo por interesse. Na minha idade, e não que eu esteja tão velho, significa que eu teria que amar uma mulher que já tem experiências demais, e isso me incomoda.

— Talvez alguma das suas antigas paixões tope sair com você.

— Para mim isso seria uma enorme derrota. Sou muito orgulhoso nesse sentido. Seria como pedir demissão de um trabalho e anos depois ser readmitido por um salário menor. Pensava que, por terem sido para mim apenas casos efêmeros, me colocava em vantagem sobre seus companheiros, que pagavam jantares e davam presentes. No final, atingiriam o mesmo objetivo que eu. Mas isso era um padrão unicamente meu. Demorei a perceber que na verdade eu era quem estava em desvantagem em relação àqueles que conseguiram amá-las e serem amados por elas. E mesmo que não saibam, eles causam em mim uma inveja. Por tê-las conhecido de verdade e por se deixarem conhecer de verdade.

— Pois é hora de aprender com esses sentimentos que te deixam ainda mal e começar a fazer diferente, para que você se sinta bem.

— Eu me arrependo tanto por não ter conseguido colecionar amores... Deve ser uma sensação parecida com quem nunca conseguiu ir à escola. Um vazio que, se não preenchido na hora certa, fica um espaço para sempre. Sempre que ouvia um "eu te amo", tomava como uma vitória. Mas não da forma como você está pensando. Era a sensação de um colonizador, a conquista sobre um território, de onde se saqueia o máximo antes de ir embora.

— Esqueça tudo e comece de novo.

— Essa também não é uma opção. Encontro as mesmas pessoas, várias vezes em um único mês, mesmo se vou a lugares novos. Até uns anos atrás, eu gostava de reencontras as mulheres com quem já estive no passado. Eu tinha certeza de que ainda se lembravam de mim, que ainda me desejavam. Tinha certeza de que, quando as luzes se apagavam, antes que fossem dormir, mesmo estando casadas, era em mim que pensavam. Numa tarde de quinta-feira, na cafeteria, tudo mudou. Eu disse oi a uma dessas, com quem estive por duas noites uns onze anos atras. Mas ela não me reconheceu. Não imediatamente. Teve que se esforçar, cerrar os olhos, para se lembrar de mim. Não se lembrou do meu nome e, para diminuir meu próprio constrangimento, eu mesmo disse como me chamava. A mesma expressão que ela tinha em seu rosto antes de me ver permaneceu em seguida. Ou seja, não tive nenhum impacto, não deformei seu sorriso. Não lhe causei nenhum desconforto. Isso sou eu: alguém facilmente esquecível.

Conversa quarenta e quatro

1948

— Ele se mudou há três anos. Foi convencido de que, como já estava mais velho, deveria ir para a cidade grande. Acredita que lá estão os melhores médicos e os melhores hospitais, caso precise.

— Nunca havia se queixado para mim de alguma doença ou preocupação com a saúde.

— Mas é o que acontece conforme a idade avança. A proximidade da morte nos faz querer prolongar a vida, como uma compensação pelo arrependimento que dá a sensação de tempo desperdiçado numa vida. Somos avessos a morrer subitamente aos setenta, mas aceitamos com mais sensatez partir depois, mesmo que mantido por tubos de oxigênios e batimentos artificiais. Uma sobrevida simulada, que só serve para dar aos parentes mais próximos um tempo de adaptação à falta. Não queremos partir, mesmo aos oitenta, mas aceitamos o péssimo hábito, aos vinte e poucos, de deixar para viver depois. Tudo isso que deixamos para mais tarde é uma morte fracionada com a qual a gente consegue conviver.

— Não o critico. Acho que faria o mesmo se tivesse condições financeiras de me manter lá e usar os melhores recursos do país.

— Já eu acredito que a maioria das doenças que existem nas capitais não chegam até aqui. Mesmo que a gente não tenha os mais renomados médicos, temos um ar sem poluição. Se não estão aqui os hospitais mais famosos, talvez seja porque a tranquilidade dos nossos dias faça com que a gente fique menos doente, com menos gravidade. Se conseguimos lidar mais serenamente com a nossa hora de partir, talvez seja porque não estávamos ocupados demais com o que nos impedia de viver.

Conversa quarenta e cinco

EXCURSÃO

— Meu irmão estava naquele acidente de ônibus. Já se passaram seis anos e é uma tristeza que não vai embora. O que me deixa igualmente transtornada foi a falta de reconhecimento para ele, que fez tanto por esta cidade. Nenhuma matéria de jornal, nenhuma foto, nenhuma homenagem pública. Ainda bem que ele partiu sem saber o quanto era esquecível pela maioria.

— Eu me lembro muito bem desse acidente, mas de fato não me recordava que seu irmão estava entre as vítimas.

— O ônibus estava lotado. Ele e outros amigos fretaram para ir a uma partida de futebol. O time deles havia perdido e eles estavam voltando. Chovia e o motorista perdeu o controle e desceu uma ribanceira. Rolou tantas vezes que parece até que era para ter certeza de que ninguém sobreviveria. Como foram muitas mortes, era mais fácil tratá-los como números do que de forma humanizada. As notícias eram bem mais atraentes ao dizer sobre as quarenta e cinco pessoas de uma mesma cidade pequena que perderam suas vidas. Chegaram a fazer piadas dizendo que foi a segunda perda da noite, ou que a população daqui tinha diminuído pela metade. Não teria feito diferença se fossem quarenta e quatro, quarenta e dois ou trinta e cinco. Ainda seria um número grande, vendável, que chamaria a atenção. Então não teria nenhum mal se ele tivesse sobrevivido. Mas não.

— Foram dias terríveis para a gente. Todos conheciam ou eram parentes de alguém que estava naquele ônibus. Graças a Deus não perdi ninguém próximo, mas sei de uma mulher que perdeu o pai, o marido e o filho.

— No fim da tarde eu me sentei na praça que fica em frente ao cemitério. Ouvi a dona da floricultura comemorar que aquele era o melhor dia do ano. Nunca tinha vendido tanto. Algumas noites depois, ela jantaria com a família no restaurante mais caro daqui. Não me importei, não me chateei. Na verdade, pensei que aquele tinha sido um bom legado deixado pelo meu irmão. A economia do município disparou. Os postos de combustível chegaram a ficar sem gasolina e não havia mais vagas nos nossos hotéis. A cidade não estava preparada para receber tantos visitantes. Claro, o que mais forte do que a morte para fazer com que pessoas se desloquem de longe? As mesmas pessoas que jamais priorizariam uma conversa em vida cancelam qualquer tipo de compromisso para contemplar um corpo gelado, imóvel e sem reação. Viajam centenas, milhares de quilômetros para um adeus unilateral. Tudo pela paz de suas próprias consciências.

— Agora que você está falando, realmente eu me lembro que o trânsito ficou intenso naquela semana. Carros com placas de fora e pessoas tirando foto em frente à Igreja Matriz, para levarem uma recordação.

— Ele está em um lugar melhor. E não falo no sentido de endossar essas frases prontas que escutamos de forma ensaiada dessas mesmas pessoas que vêm se despedir de um morto e tentar consolar os que ficam. Digo porque eu mesma cheguei a essa conclusão. Não lhe parece estranho que tenhamos tantas informações sore o que aconteceu há treze bilhões de anos, mas não sabemos absolutamente nada sobre um segundo após a perda da vida? Para mim, a razão é clara: se todos soubéssemos o que existe depois, ninguém iria querer mais estar aqui.

Conversa quarenta e seis

LITTERIS

— Uma das únicas coisas que não compro pela internet são livros. Prefiro que me vejam aqui. Por isso sempre venho em um horário de bastante movimento, pelo menos uma vez por semana. As pessoas passam e me veem através do vidro. E a maioria me conhece, ou ao menos sabe quem eu sou. Não por eu ser famoso, mas por repetição. Se fosse em uma cidade grande, não teria o mesmo impacto estar em uma livraria, já que ninguem se daria conta de quem sou eu. Venho tanto, compro tanto, que me consideram uma pessoa mais inteligente do que realmente sou. A verdade é que não leio nada há muitos anos, a não ser algumas notícias que chegam no meu celular. Devo até ter alguns livros repetidos. O que conta para mim é se são clássicos, se seus escritores são considerados grandes pensadores. Meus livros são como qualquer outra peça de decoração de uma casa. Quando recebo visitas, admiram os nomes e as capas, como quem olha para um quadro ou alguma obra de arte. Anos atrás eu até tinha a ilusão de que num dado dia eu começaria a ler algum deles. Mas isso não acontecerá. Não sou capaz, essa é a verdade, de interpretar grande parte do que compro aqui. Tal qual um falso entendedor de vinhos, que gasta fortunas sem saber a diferença entre as uvas e seus taninos, sou eu com meus livros. A diferença é que não os bebo, não os jogo fora.

— Eu finjo gostar de Nietzsche, mas parei nas primeiras páginas de *A Gaia Ciência*. De qualquer forma, sigo pessoas que colocam algumas de suas frases entre aspas e as compartilho. Então tenho essa mesma sensação que você tem, de passar uma imagem supervalorizada da minha intelectualidade. Quando vou a aniversários, presenteio com livros, porque isso diz muito a meu respeito. As pessoas fingem gostar, fingem que irão ler. A verdade é que me interesso pela vida de pessoas famosas, por reality shows. Além disso, fiquei muito traumatizada pelo único livro que li por completo.

— A história foi assim tão marcante?

— Eu nem me lembro sobre o que ele era. Sei que não foi escrito por alguém muito famoso. Então não traria uma boa impressão para a sua casa. Ele me traumatizou por uma razão totalmente outra. Ao final, na última página, que está ali apenas para dividir as frases finais da contracapa, tinha uma dedicatória. Uma ex-namorada do meu atual marido é quem tinha lhe dado aquele livro. Em vez de escrever nas primeiras páginas, como fazemos geralmente, ela deixou para marcar no final. Nada tira da minha cabeça que isso foi uma estratégia, bastante perspicaz, de se fazer presente mesmo após um término. Caso a mesma dedicatória viesse no início, ele certamente teria arrancado a página ou jogado o livro fora. Da história eu me esqueci. Mas daquelas três linhas rabiscadas na última página, eu jamais vou me esquecer.

— Então não foi um livro de final feliz.

— Depois disso, comecei a ler vários, e de propósito, ou por medo, nunca terminei mais nenhum. E jamais terminarei. Talvez por eu ser ansiosa, porque antes de terminar uma história, eu já quero começar outra. Talvez pelo receio de encontrar mais dedicatórias como aquela. Talvez porque eu prefira imaginar os vários finais, as infinitas possibilidades.

Conversa quarenta e sete

MAGO DO MERCADO

— Já constam dois empréstimos em seu nome. Não consigo aprovar um novo.

— Vamos chamar o seu supervisor. Tenho certeza de que este banco não me negará dinheiro.

— A ordem veio justamente dele. E com muita estranheza. Ele acompanha todos os seus vídeos e palestras sobre investimentos. Te conhece por "Mago do Mercado Financeiro". Com certeza você tem noção de que não pegaria nada bem para você se todos os que te seguem soubessem que você está com essas dívidas enormes.

— É só uma questão de ângulo. Eu sigo um ciclo muito simples. Não é preciso ter dinheiro. É preciso aparentar ter. Essa aparência é o que me traz respaldo, respeito e seguidores fiéis. Preciso andar com um carro importado para que me admirem, e para isso compram meus cursos. Preciso gravar os meus vídeos de diferentes lugares do mundo para que meu nome seja divulgado como alguém de sucesso. Essas dívidas são momentâneas. Tudo isso é um investimento na minha imagem para que eu me torne cada vez mais um ícone dos investimentos, a ponto de poder quitar tudo isso. Até lá, preciso de mais dinheiro. Aparentar custa muito caro. A outra opção que tenho seria enganar pessoas. Prometer enriquecimento rápido e pegar delas dinheiro que jamais veriam de volta. Fazem muito disso por aí, mas não sou antiético a esse ponto.

— Meu conselho, por mais contraditório que isso possa parecer, já que é você quem orienta sobre finanças e já que para mim é vantajoso que esteja sempre em dívida com o banco, é que tente liquidar todos os seus débitos o quanto antes. Nem que para isso precise vender o que você tem. Digo isso porque gosto muito dos seus pais e eles certamente ficariam decepcionados se sua situação piorasse ainda mais.

— Isso está fora de questão. Se eu me desfizer de tudo, seria a maior derrota da minha vida. E eu me aproximaria daquilo que mais temo. De ser uma pessoa pobre. Há sete anos viajei pela primeira vez para a cidade grande. E aquilo mudou para sempre a minha percepção de mundo. Foi quando vi centenas, milhares de pessoas aglomeradas sob pontes, acomodados entre avenidas e muros de concretos, implorando por comida, sem ter onde tomar banho e claramente sem perspectivas de que algo melhor estaria para acontecer. Eu já tinha visto aquilo pela televisão. Mas diante dos olhos é algo diferente. E o mais marcante é que eu era o único a ficar impressionado com tudo aquilo. Os demais não prestavam atenção, a não ser que alguma daquelas pessoas em necessidade cruzasse a pista. Eram então percebidos como obstáculos, mas não como seres humanos. Comecei a estudar mais sobre temas econômicos e li que esses miseráveis são importantes para a manutenção do nosso sistema. São eles que geram os alertas de que devemos aceitar trabalhar por pouco e trabalhar muito. Do contrário, poderemos acabar como um deles. Foi exatamente o que aconteceu comigo. Desde aquele dia, tenho lutado para ser o oposto de quem não tem alternativa. É por isso que aqui na nossa cidade nossa mão de obra é tão cara. Não temos indigentes expostos como advertências. Apenas uns poucos pedintes. Por aqui não se teme tanto a miséria, por isso não se vendem por pouco.

— Talvez eu não o tenha interpretado bem, mas, da forma que você diz, parece ser algo positivo que se tenha muitos moradores de rua.

— Eu deixei de ser aquele que se impressiona ao ver os miseráveis implorando por migalhas. Foi quem me tornei e a quem querem copiar. Você se surpreenderia ao perceber quão numerosos são aqueles que pensam como eu.

Conversa quarenta e oito

NOSTALGIA

— Parte de mim insiste que antes tudo era melhor, enquanto outra parte de mim tem certeza de que as graças estão no futuro. Então, o que eu vejo no espelho todos os dias é uma figura derrotada. O terceiro colocado entre três versões de mim mesmo.

— Também não gosto da minha relação com o tempo. Ouço que todos os dias têm o potencial de ser o melhor dia da vida. Isso pode até ser verdade, mas sou impedida pelo meu hábito, quase um vício, de fantasiar o passado, de falar dele como um lugar melhor. Porque o tempo atual é muito incerto e me deixa insegura.

— Quando eu era criança, fazia com que qualquer peça simples se tornasse o brinquedo mais legal. Hoje, aos vinte e oito, pareço exigir que todo o universo conspire a meu favor para que então eu possa fazer algo que me deixe bem.

— Eu associo tudo isso àquela construção. Desde que aquele prédio foi erguido, aqui em casa anoitece mais cedo. Talvez seja a convivência menor com o Sol, e não o melhor entendimento dos problemas com o passar dos anos, que me fez alguém mais apático. Dizem que prédios significam avanço. Para mim, fez os dias durarem menos. E afastam. Moram ali um baterista, um baixista e um guitarrista. Um no sétimo, um no terceiro e um no segundo andar. Mas não se conhecem. E não sabem que seus talentos poderiam ter se juntado, porque não podem praticar. Isso incomodaria os vizinhos. Então seguem profissões medíocres. Culpa nossa. Preferimos olhar para cima em vez de olhar para a frente.

— Acho que se eu começasse a pensar de forma diferente a partir de hoje, poderia me tornar alguém importante. Mas também sofro de desânimo. Um desânimo crônico, insistente, que se confunde com preguiça. Sei que um dia só me restará lamentar ao perceber que muitos menos talentosos e menos inteligentes foram bem mais longe, simplesmente porque tiveram um melhor poder de ação, de decisão. Essa nossa doença, que chamarão, creio eu, de *síndrome da indiferença* ou de *distúrbio da letargia*, será ainda estudada em cem, duzentos anos. Ficarão surpresos com a quantidade de gente acometida por isso. Já estaremos todos mortos. Mas quem viver naquele tempo poderá se inocentar do desejo de simplesmente querer que a vida passe a seu ritmo. Como estamos na era da produtividade, somos culpados.

— Queria ir direto para esse dia. Na verdade, eu quero até mais. Quero saber hoje o que descobrirão só daqui seiscentos anos. Quero saber agora sobre quais certezas deixarão de ter existido e quais tomarão seus lugares. Quero saber hoje o que levamos como normalidade, mas que será absurdo em 2620. Sobre o que irão dizer da gente, em tom de superioridade, da mesma forma que a gente olha para aqueles fanáticos que tinham convicção de que a Terra era o centro? Quero ir direto para quando transformarem o que a gente vive agora em parte daqueles traços que ilustram um período de tempo, ligando um centenário a outro.

— Ou será que, em 2620, tudo o que irão fazer é nos imaginar de forma saudosista, com o desejo de estarem aqui, tal qual a gente deseja ter vivido em um castelo feudal? Afinal, falar do passado deixa tudo tão maravilhoso que eu até chego a gostar do cheiro da fumaça dos cigarros que circulava nos ambientes fechados. Mesmo eu nunca tendo fumado. Mesmo que eu deteste cigarro.

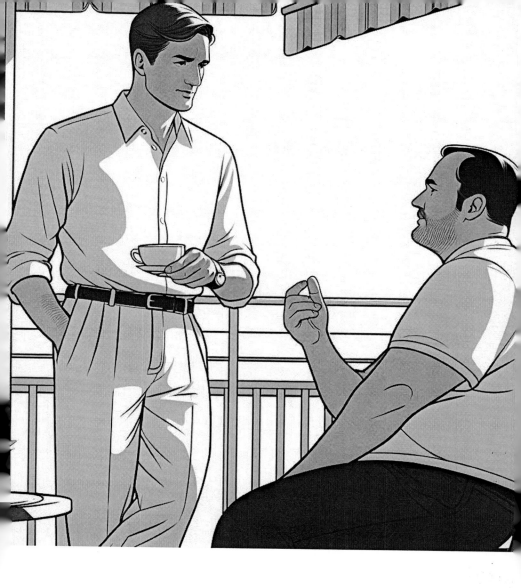

Conversa quarenta e nove

ANTES QUE SEJA TARDE

— Passei três anos no seminário. Desisti e optei pela psicologia. Teria sido um bom padre, e gostava da ideia. Principalmente em uma cidade como esta, em que o status de um homem de Deus é semelhante ao de um juiz de direito. Senão maior.

— Você tem excelente oratória e grande poder de convencimento. Seria mesmo um ótimo sacerdote, o que nos faria bem. Hoje em dia é difícil manter as igrejas cheias e as pessoas em retidão.

— Tenho dúvidas. Sempre me chateou a impaciência das pessoas com Deus. Querem ser atendidas como se estivessem em uma consulta médica. Pedem por coisas absurdas, sem se darem conta de que, se os pedidos fossem atendidos, muitas vezes aquilo não seria benéfico para a comunidade como um todo. Egoístas, enfurecem-se com Deus, ou com o que acreditam ser Deus. Uma tia minha, que já faleceu, desejava que o tempo ficasse para sempre congelado no instante mais feliz de sua vida. E nada a convencia de como isso era irracional e individualista.

— Desculpe, mas não consigo ver assim. A mim parece algo bom. Pensando bem, eu também gostaria que o tempo parasse em algo que me fizesse bem e eu não precisasse mais me preocupar com o restante.

— Talvez seja prazeroso por alguns minutos. Por algumas horas, no máximo. Agora se imagine eternamente em um mesmo momento, durante sua breve eternidade. Logo tudo se resumirá a um enjoo, uma monotonia. Uma ocasião, para ser especial, precisa terminar. Por isso a vida é mais interessante quando abdicamos do comodismo em nome de um movimento, que pode muito bem nos levar para baixo e nos trazer tristeza. O que lhe garante que, ao congelar para si o segundo mais especial da sua vida, isso não gere um efeito em todo o mundo? Afinal, estamos sob o mesmo espaço e o mesmo tempo. O que quero dizer é que exatamente em um instante que lhe seja maravilhoso, alguém pode ter pedido um ente, alguém pode ter sido demitido, alguém pode ter sido avisado de um estágio terminal. Estariam eles também fadados a reviver um mesmo momento, que ao contrário do seu, é de imensa dor. E nesse caso, o tédio demoraria mais a aparecer, porque infelizmente damos mais atenção e optamos por prolongar o que nos acomete de ruim. A nossa própria forma de viver em sociedade parece requerer um "início, meio e fim". A maioria de nós acha extremamente gracioso um bebê em seus primeiros meses de vida. Chegam a fazer fila no quarto dos pais para contemplarem a criança. Mas se esse bebê continuar a apresentar o mesmo comportamento encantador por dois, três, cinco anos, passarão a tratá-lo como alguém que tem uma enfermidade. Percebe? O que antes era cativante, passa a ser uma doença, simplesmente porque desobedeceu ao tempo. Porque durou mais do que deveria.

— Realmente não é algo bom para se pedir a Deus. Não gostaria de ficar preso indefinidamente em uma única situação, sem mudança, sem novidade.

— Também me chama a atenção a ira dos torcedores quando se trata de futebol e o quanto associam o sucesso de um time à religião e à superstição. Se duas pessoas aqui da nossa cidade, que torcem para times rivais na final do campeonato, imploram a Deus para que seu time vença, seria impossível que ambos fossem atendidos.

— Seria mais justo que Ele atendesse ao time de maior torcida.

— Mas aí sempre haveria um único time vencedor. E ao vencer sempre, atrairia mais torcida, que rezaria ainda mais, não deixando chance aos demais, que desistiriam de jogar, e não haveria mais esporte.

— Por que não atender os torcedores que rezaram com mais fé?

— É difícil mensurar o tamanho da fé de alguém. Tem fé maior e mais inabalável aquele que ora de olhos fechados do que quem reza de olhos abertos? Não seria mais justo que fossem contemplados os torcedores que estivessem mais tristes e desolados? Aqueles que nunca viram o time vencer? A verdade é que geralmente o time mais bem preparado, com melhor técnica, com os melhores jogadores e a equipe mais entrosada em campo é que vai vencer. Sabemos disso. Mesmo assim não queremos arriscar e rezamos antes de todo jogo importante, na esperança de que essas preces farão diferença. Ao final, em caso de derrota, é mais fácil reclamar com Deus, que está em todo lugar, do que com o técnico, que só vemos pela televisão.

— Você me parece muito cético. Cheguei a pensar que havia desistido para que pudesse encontrar alguém com quem pudesse se casar. Mas agora percebo que o motivo é outro. Uma impaciência com a forma com que as pessoas lidam com suas preces, e pela maneira mimada como responsabilizam Deus.

— Foi um dos motivos para que eu desistisse. Mas o maior motivo é que na metade do terceiro ano me dei conta de que eu era como todos eles. Quanto mais dificuldades, mais fé eu tinha e mais queria que tudo se resolvesse rápido. Quando tudo estava bem, chegava a me esquecer, e até a questionar a importância da religião. Para o que eu pretendia me tornar, é inadmissível que a minha fé dependa da minha quantidade de problemas e de suas intensidades.

Conversa cinquenta

ESMOLAS

— Foi quando me entregaram o título de cidadã honorária. Isso foi antes de eu voltar a morar aqui. Aliás, se eu não morasse fora, com certeza não teria recebido o título. Como tudo, o que está externo é o que mais se valoriza.

— Não diga isso. Você mereceu sua homenagem. Sempre carregou o nome da nossa cidade para lugares muito maiores.

— Pelo contrário. Não fiz nada para conquistar uma condecoração daqui. E não falo por modéstia. Mas era a forma como eu sempre desmereci esse lugar. Por vezes multipliquei os moradores daqui. Por dois, por cinco, por dez. Como se o fato de aumentar o número de pessoas fizesse de mim alguém mais capacitada. Agia como se morar em uma pequena cidade fosse um azar do destino, uma falta de opção. Quando entrava em meu carro e a cidade saía de meu retrovisor, eu fazia questão de mudar meu sotaque. Acontece que só valorizamos quem sai, quem desbrava, quem se aventura. O que fiz foi apenas ler livros de autores importantes, que seriam leituras mais bem aproveitadas na tranquilidade de uma de nossas praças, foi apenas conversar com pessoas que se julgam importantes por causa de linhas com palavras difíceis em seus currículos, quando na verdade aprendi muito mais conversando com meus pais. Sempre que eu comparava, queria estar de volta. Demorou muito para que eu aceitasse, mas assim foi.

— Quem sempre esteve aqui quer sair. Alguns que saem querem voltar. Acontece. Mas demanda coragem compreender que o que a gente considerava sucesso quando era criança é algo que pode ser revisto.

— Quando a gente sai é que percebe que nem todo lugar carrega a beleza daqui. Mas o que alguns tratam como arrependimento, ou até como um desprezo, eu encaro como desconhecimento. Como eu poderia saber, conhecendo somente isto, que a maioria das pessoas não vive envolta de montanhas e verdes? Como eu poderia saber que deveria me encantar por aquilo que considerava normal? Como sei que é mesmo eterno o meu primeiro amor se não tentei outros amores?

— Existe essa quase exigência de que há algo melhor nos esperando lá fora, lá longe. Eu mesmo cresci aprendendo que o extraordinário não me é dado, e que preciso sacrificar tempo, vida e afeto para buscar o que vale.

— Para no fim se deparar com a vontade de retornar para onde tudo começou.

— Me sinto forçado a ir além. Alguma força oculta que paira sobre as nossas cabeças desde que começamos a aprender a falar. E depois fica subliminar nas falas dos professores e nas comparações feitas por nossos pais.

— Pois vou lhe contar quando decidi que não queria mais aquela vida.

— Fique tranquila. Você não me deve explicações.

— Exatamente. Não devo. E foi ao perceber isso que me senti livre. Era uma sexta-feira de novembro. E essa informação é importante, já que eu sou uma pessoa diferente de acordo com o dia. Eu não teria tomado a decisão de voltar se fosse maio ou setembro. Mas aquela atmosfera de cansaço prestes a ser recompensado que a sexta nos traz, as nuvens pesadas filtrando a luz do sol, os enfeites de Natal que convidavam a gastar mais, e a grande oferta de panetones. Tudo isso combinado foi o que me fez perceber que eu havia me afastado e criado um disfarce que tinha se tornado desnecessário. Aquilo podia fazer sentido aos vinte e cinco, mas não aos quarenta e quatro. Eu estava disposta a pagar o preço.

— A impressão que temos, e o que todo mundo comenta, é que você trocou uma vida de muitas responsabilidades e muita importância para viver sem qualquer tipo de destaque. Se fosse por hoje, não teria motivos em você receber uma honraria.

Porque aí teríamos que premiar todos que ficam aqui sentados vendo o dia passar. E são muitos.

— Hoje vivo como uma mendiga, uma pedinte.

— Não exagere. Todo mundo sabe que dinheiro nunca foi seu problema. Que vem de uma família de posses e que soube investir no decorrer da sua vida.

— Não falo de dinheiro. Sou uma mendiga de atenção e de carinho. E isso para mim era fraqueza. Então o que fiz foi me misturar a milhões de desconhecidos. Aceitei me vender por salários e promessas. Achava que era alguém importante por resolver problemas que nem eram problemas de verdade, mas que só fariam alguém que já tinha dinheiro ganhar ainda mais dinheiro. Gostava de falar sobre adversidades que aconteciam comigo, que nunca eram sérias e nem faziam a menor diferença para ninguém, e terminava minhas frases com um sorriso cerrado de quem cede um tempo à espera de comentários previsíveis e artificiais antes de começar a falar outra coisa. Quando queria ser engraçada, pausava intencionalmente minha fala, como um sinal de que poderiam rir, mais uma vez, de forma artificial. O sorriso serrado, a pausa intencional... Sinais claros de que eu implorava por algum valor. Alguns imploram por dinheiro. Sempre implorei por atenção. A diferença é que hoje faço isso onde cresci, onde sabem meu nome. Não sou diferente destes cachorros que nos rodeiam, que ganham um pouco de carinho e se vão, felizes, como quem recebe uma dose de um antidepressivo. É isso que sou. Um cachorro de praça. Com a diferença de que uso roupas caras e sou uma cidadã honorária.

Conversa cinquenta de um

ZENO

— Sempre que venho para cá, gosto de aproveitar essa escuridão que permite ver melhor o céu. Alguns lugares se enaltecem por dizerem que nunca dormem, o que significa que nunca apagam suas luzes.

— Isso acaba por ofuscar a visão do infinito, a imensidão do céu. Eu tenho minha opinião sobre isso. Quem mora nas grandes cidades não quer aceitar que existe algo muito maior, porque isso traz a ideia da nossa insignificância. Aqui convivemos bem com esse conceito, de sermos insignificantes. Mas para quem acredita que move a economia de um país, é algo difícil de se aceitar. Nesse caso, é melhor contar dinheiro do que contar as estrelas. Observar o infinito me ajuda a lembrar que, por maior e melhor que eu seja, na verdade sou algo muito irrelevante.

— Por muito pouco Júpiter não se tornou uma estrela, há bilhões de anos. E o que hoje são as luas de Júpiter, seriam seus planetas, que orbitariam em torno dele. E se isso tivesse acontecido, teríamos em nosso sistema dois sóis, em vez de um. E as noites seriam eventos raros. Aconteceriam algumas horas de escuridão a cada seis ou sete anos. Então, toda vez que anoitecesse, seria algo noticiado na TV, aguardado com muita ansiedade. As famílias fariam disso um enorme evento. E mesmo assim, não seria nada parecido com o que temos aqui neste momento. Pareceria mais com algo como um fim de tarde de outono. Mas como Júpiter falhou em ser mais um Sol, as noites são frequentes e se tornaram banais.

— E se por algum motivo nós morássemos em Saturno, estaríamos até hoje tentando decifrar o planeta inteiro, e não saberíamos ainda nada sobre os outros mundos, muito menos outras galáxias. Não teríamos ainda chegado a todas as porções de terra e haveria muito a descobrir. Os grandes investimentos seriam em aviões mais velozes e autônomos, em vez de foguetes. E caberia muito mais gente. Mas a Terra é pequena, então as análises e os cálculos levaram pouco tempo, e agora podemos olhar para longe e nos abstrair de algo fascinante, que quanto mais a gente conhece, mais desconhecido fica.

— Para alguns, o infinito encanta, enquanto para outros, espanta. Nos dois casos pela mesma razão de ser tão incompreensível.

Todos os contos foram escritos entre 2016 e 2019 e foram revisados em 2024.